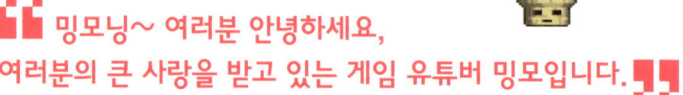

**밍모닝~ 여러분 안녕하세요,
여러분의 큰 사랑을 받고 있는 게임 유튜버 밍모입니다.**

여러분의 꿈은 무엇인가요?
언젠가 초등학생의 꿈과 관련해서 이런 기사를 본 적이 있어요.
운동선수, 의사, 교사, 크리에이터란 직업이 가장 인기가 많은 직업으로 나와
있었는데, 그 이유로 '내가 좋아하는 일이라서', '내가 잘 해낼 수 있을 것
같아서', '돈을 많이 벌 수 있을 것 같아서'라고 대답한
초등학생이 응답자의 절반을 넘었었죠.
그 기사를 보며 저는 많은 생각을 했답니다.
내가 좋아하고, 잘 해내고, 또 돈도 잘 벌 수 있는 직업을 가지는 것이
무척이나 어렵지만, 또 얼마나 필요한 고민인지에 대해서 말이죠.
그런 점에서 저, 밍모는 좋아하고, 잘 해낼 수 있는 꿈만과도 같은 일을 하고
있다고 생각하니 참 축복받은 사람이라고 생각합니다.
물론, 여러분에게 꿈이란 건 먼 이야기처럼 느껴질 수도 있어요.
그렇다고 꿈이 없다고 걱정하거나 고민할 필요는 없지요.
**하지만 내가 무엇을 좋아하고, 잘하는지, 또 나는 어떤 성향인지
나에 대해 알아가는 건 정말 중요해요.**

〈미래소년 밍모〉의 주인공은 친구들과 좋아하는 게임을 하는 것을 가장
좋아하는 친구예요.
좋아하는 건 확실히 알지만, 꿈이 무엇인지는 생각해 본 적이 없지요.
그러다 학교에서 실시한 적성검사의 결과를 보고, '나의 꿈은 뭘까?'라는

심각한 고민에 빠지게 되죠. 그때, 신기한 일이 일어납니다. 게임 캐릭터 '피니'가 등장해 나의 미래 모습을 볼 수 있는 게임에 밍모를 초대한 거예요. 그때부터 게임 세계 속 밍모의 신나는 모험이 시작됩니다. 밍모가 미션을 풀어가는 과정 속에 보건 선생님, 메이크업아티스트, 상담사, 소방관 등 저마다의 역할을 지닌 인물들이 등장해 밍모에게 도움을 주기도 하고, 이야기의 전환점을 만들어 내기도 하지요.

여러분은 밍모와 모험을 함께하며 자연스럽게 다양한 직업을 만나게 될 거예요.
〈밍모의 직업 소환 미션〉 콘텐츠를 통해 직업의 정보와 함께 나의 성향도 체크하며 나에게 맞는 직업인지 알아볼 수도 있지요.

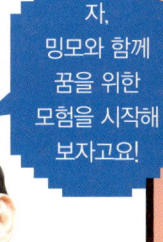

자, 밍모와 함께 꿈을 위한 모험을 시작해 보자고요!

이 책을 통해 여러분이 내가 좋아하는 것을 알고, 나의 성향을 파악할 수 있을 거라 기대해요.
더 나아가 좋아하는 것을 더 잘할 수 있도록 차근차근 노력할 수 있는 동력도 생길 거예요. 그렇게 된다면, 여러분은 미래에 좋은 기회가 찾아올 때, 절대 놓치지 않을 겁니다!

여러분에겐 무엇이든 될 수 있는 무한한 가능성이 있어요.
밍모는 여러분의 꿈과 미래를 응원합니다!

등장인물

지난 줄거리
" 내가 선택한 빙의 대상은 블랙홀이야! "

꿈에 대한 고민이 많은 밍모 앞에 나타난 게임 요정 피니. 게임 세계에서 가장 높은 꼭대기에 오르면 자신의 꿈이 무엇인지 알 수 있다며 게임 세계 속 게임에 초대한다. 흔쾌히 게임에 참여한 밍모는 스페셜 스테이지에서 미션을 달성하기 시작한다. 이윽고 시작된 세 번째 미션, '우주 미아 별빛 보안관 구하기'에서 밍모는 큰 결단을 내리게 되는데…!

무한 긍정 밍모

게임 세계 속 게임에 도전하게 된 소년. 계속되는 미션을 통해 위험에 빠지기도 하지만, 중요한 순간에 용기와 기지를 발휘하며 소중한 것들을 깨닫게 된다.

조력자 피니

밍모를 게임 세계로 안내한 존재. 위험에 민감하며, 위기의 순간엔 불안과 두려움이 폭발하기도 한다.

게임 안내자 비지니스맨

게임의 최고 인기 스타이자, 게임 속 미션 소개자. 때때로 기막힌 분장술을 발휘하며, 친절하지만 무언가 숨기는 듯하다.

눈치 빠른 비서

능력과 순발력을 겸비한 인물. 비지니스맨이 놓친 부분을 채워 주며 손발이 척척 맞는 듯 보이지만, 간혹 서로 경계하는 듯 긴장감이 흐른다.

분노의 블랙홀

우주의 모든 차원을 넘나드는 존재. 빙의할 대상으로 자신을 선택한 밍모에게 분노하여 밍모의 운명을 바꿀 새로운 미션을 꺼내든다.

차례

프롤로그 블랙홀의 시험 —8

미션 1 추억의 교실 —34

미션 2 밍모의 직업 소환 ❶ —82

의사 / 약사 / 간호사 / 수의사 / 초중고교사 / 교수 / 유치원교사 / 학원강사
메이크업아티스트 / 스타일리스트 / 헤어디자이너 / 모델 / 분야별관리사
저작권관리사 / 스포츠건강관리사 / 데이터베이스관리사

직업 성격 유형 나에게 맞는 직업일까?

미션 3 돌계단을 올라라! —86

미션 4 밍모의 직업 소환 ❷ —138

소방관 / 응급구조사 / 재난관리전문가 / 안전관리사
상담전문가 / 위클래스 상담교사 / 사회복지사 / 심리치료사
자산관리사 / 세무사 / 회계사 / 투자분석사
양궁선수 / 사격선수 / 검도선수 / 펜싱선수

직업 성격 유형   나에게 맞는 직업일까?

미션 5 세상에서 가장 강한 힘 —142

미션 6 밍모의 직업 소환 Ⅲ — 164

바리스타 / 슈가크래프터 / 푸드스타일리스트 / 소믈리에
동물조련사 / 반려동물훈련상담사 / 동물보호보안관 / 아쿠아리스트
여행기획자 / 관광가이드 / 여행크리에이터 / 사진작가
골형 구기 종목 운동선수 / 농구선수 / 핸드볼선수 / 하키선수

직업 성격 유형   나에게 맞는 직업일까?

직업적 성격 유형 활용법

다양한 직업을 탐색, 분류하는 데 가장 보편적으로 활용되는 존 홀랜드의 이론인 직업적 성격 유형 6가지(현실형, 탐구형, 예술형, 사회형, 진취형, 관습형)를 바탕으로 직업에 필요한 특성을 알아보고, 나의 직업적 성향을 체크해 볼 수 있어요.

직업 성격 유형 탐구형(Ⅰ)
지적, 논리적이고 호기심이 많고 독립적인 유형

지적 호기심	신중함
분석적	집중력
독립적	합리적
수리 논리력	자기 성찰 능력

나에게 맞는 직업일까? 나와 가까운 항목을 체크해 보아요
☐ 수학과 과학을 좋아해요.
☐ 아픈 친구들을 잘 도와줘요.
☐ 스스로의 생각과 감정을 조절할 수 있어요.
☐ 문제가 생겼을 때 자기 반성을 잘해요.
☐ 내 생각을 논리적으로 말할 수 있어요.
☐ 건강 관리에 관심이 많아요.
4개 이상이면 탐구형 직업과 가까워져요.

밍모, 밍모, 정신 좀 차려봐!

밍모는 자신을 부르는 누군가의 음성에 스르르 눈을 떴어요.
 으으….
아직 잠에서 덜 깬 것처럼 정신이 멍하고 아득한 느낌이었죠.

> 정신이 들어?
> 밍모, 괜찮아?

> 응?

여전히 가까이에서 걱정 어린 목소리가 들려왔어요.

밍모가 몸을 일으켜 옆을 돌아보자 피니의 모습이 보였습니다.

어?

내가 누군지 알아보겠어?

벌떡

당연하지. 게임 세계의 요정 피니잖아.

밍모가 피식 웃으며 답하자 피니도 안심이 되는 듯 한숨을 푹 쉬었습니다.

휴, 다행이다. 날 알아보는 걸 보니, 내가 아는 밍모 맞구나!

몸을 툭툭 털며 일어서던 밍모는 주변을 둘러보다가 깜짝 놀라고 말았습니다.

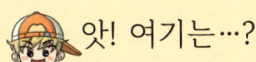앗! 여기는…?

🧒 야호, 집에 돌아왔다! 여기서 우리 집까지 별로 안 멀어. 어서 가서 엄마한테 오므라이스 해 달라고 해야지!

🧝 저, 저기 잠깐 내 말 좀 들어보라니까. 인간 세계로 돌아왔는데 아직도 내가 사라지지 않고 네 곁에 있다는 게 좀 이상하지 않아?

밍모는 그 말에 잠깐 멈칫했지만 금세 별거 아니란 듯 싱긋 웃었습니다.

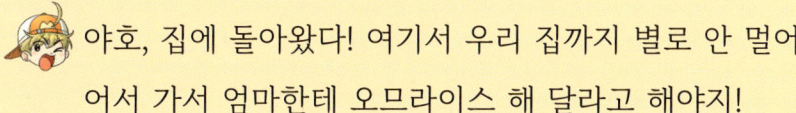

"애초에 게임 세계 요정인 네가 나한테 말을 건 것도 이상한 일이었어. 어서 우리 집으로 가자."

"너도 우리 엄마의 오므라이스를 맛보면 깜짝 놀랄걸?"

오물 오물

🧝 글쎄, 진정하고 주변을 좀 자세히 살펴보라니까!

답답한 피니가 소리를 버럭 질렀습니다.

🧒 여기에 뭐가 있다고….

마지못해 머쓱한 표정으로 주변을 둘러보던 밍모는 그제서야 뭔가 이상한 걸 눈치챈 듯 시선을 멈췄습니다.

어? 여기 있던 만두 가게가 안 보이네. 붕어빵 가게도 없고… 편의점도, 꽃가게도 안 보여. 전부 어떻게 된 거지?

달라진 건 그뿐만이 아니었습니다. 사라진 가게들이 있던 자리엔 커다란 쇼핑몰이 들어서 있고, 사방엔 처음 보는 높은 빌딩들이 잔뜩 자리하고 있었어요.

그러고 보니 지나가는 자동차도 뭔가 다르게 생겼어.

여기 뭔가 이상해. 익숙하면서도 낯선 느낌이랄까….

이제 알아챘군.

위이잉-

혹시 영화 촬영 중인가?

 그게 아니라니까! 무슨 일이 있었는지 기억 안 나?

그래, 거기서부터 문제가 시작된 거야.
 가만, 그리고 그다음에 무슨 일이 있었지?
그때였어요. 웃음소리와 함께 블랙홀이 모습을 드러냈습니다.

🪐 별빛 보안관과 생쥐까지 자기 세계로 보내주기 위해 나를 빙의 대상으로 선택하다니, 무모한 짓이었다!

🧒 하하, 제가 원래 용감하고, 머리도 좋다는 얘길 꽤 들었죠.

😀 밍모, 블랙홀은 그런 의미가 아니야….

🪐 그래, 확실히 지금까지 그 누구도 나를 그런 식으로 이용한 자는 없었지.

🧒 하지만 주변에 누구든 한 명과 빙의가 가능하다는 게 규칙이었잖아요….

자신만만하던 밍모가 점점 무거워지는 분위기에 눈치를 보며 우물쭈물하자, 블랙홀의 성난 외침이 울려 퍼졌어요.

🪐 맞다! 그렇지만 빙의가 풀리고 나면 넌 그저 평범한 인간 소년일 뿐이야. 나를 화나게 만든 인간!
다시 말해서 빙의가 풀린 다음에 너를 어떻게 할지는 내 맘이란 말이다!

🧒 흐잉~ 너무해요! 제가 게임 규칙을 어긴 것도 아닌데….

밍모가 울상을 짓자 블랙홀은 조금 누그러진 목소리로 말했습니다.

🪐 어쨌든 네 멋대로 나를 이용한 대가를 치러야 한다!

😀 한 마디로 괘씸죄라는 소리잖아….

🪐 너는 이제부터 30년, 20년, 10년 뒤의 너 자신을 순서대로 만나게 될 거다! 그때마다 세 번의 방해를 물리치고, 갇혀 있는 미래의 자신을 구한 후, 너와 연관된 특별한 물건을 찾아야 한다. 이 미션을 성공해야만 10년씩 거슬러 원래 시간으로 돌아갈 수 있다! 실패하면 넌 어딘가에 갇혀 영원한 시간의 *방랑자가 돼 버릴 거야.

30년, 20년, 10년 뒤의 나를 만나서 미션을 성공해야 한다고? 블랙홀은 설명을 마치자 휑하니 눈앞에서 사라져 버렸습니다.

*방랑자 : 정한 곳 없이 이리저리 떠돌아다니는 사람.

앗! 미래의 내가 어디에 있는지는 알려줘야지!

밍모가 불만을 터뜨리자 피니가 주위를 둘러보며 말했어요.

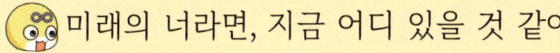

잠시 생각한 밍모는 금세 어딘가를 향해 성큼 걸어갔습니다.

 어디로 가는데? 같이 가~!

잠시 뒤 밍모와 피니가 도착한 곳은 밍모의 집 앞이었어요.

여긴 너희 집이잖아? 30년이 지났는데 설마 아직도 여기 살겠어?

훗, 모르는 소리! 난 우리 집을 굉장히 좋아하거든. 그러니까 별다른 일이 없다면 계속해서 여기 살고 있을 거야.

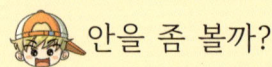 안을 좀 볼까?

두리번거리던 밍모는 담장 아래에서 평평한 돌을 발견하고 그 위에 올라섰어요. 그리고 담장 안을 살펴보았죠.

엄청 커지고, 화려해졌어! 담장만 그대로였던 거야!

우아~, 집이 엄청 좋아!

밍모의 집은 확실히 예전과 많은 게 달라진 상태였어요.

담장 너머로는 새로 지은 멋진 건물이 보였죠.

 내 모습은 어떻게 변했을까?

밍모는 미래의 자신을 볼 수 있다는 생각에 심장이 요란하게 쿵쾅거렸어요.

🌝 밍모, 다시 한 번 말하지만 여기는 미래의 네 집이 아닐 수도 있어.

🧢 응, 알아.

🌝 그리고 하나 더, 혹시 미래의 네가 어떤 모습이라도 실망은 하지 마.

피니는 아무래도 밍모가 걱정되는 눈치였습니다. 사실 밍모도 말은 하지 않았지만, 가슴 한구석엔 불안한 마음이 있었어요.

나는 꿈도 없고, 게다가 특별히 잘하는 것도 없는데…, 과연 어떤 사람이 되어 있을까?

그때 '스르릉—' 하고 대문이 열리더니 집 안에서 양복 차림의 점잖은 중년 남자가 걸어 나왔습니다.

밍모는 자기도 모르게 남자를 보고 소리쳤습니다. 그러자 피니가 금방이라도 따라갈 듯 나서는 밍모를 말렸어요.

밍모, 잘 봐. 저 사람은 아버지가 아냐. 30년 뒤, 40대의 너라고.

 응?

그제야 밍모는 30년이 지난 자신의 모습을 알아보고 깜짝 놀라고 말았어요.

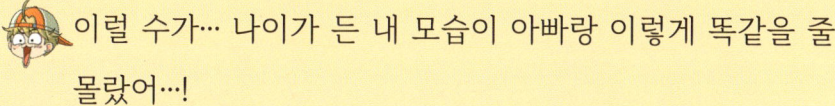 이럴 수가… 나이가 든 내 모습이 아빠랑 이렇게 똑같을 줄 몰랐어…!

어쨌든 다행이다. 집은 달라졌지만, 이사는 가지 않은 모양이야.

그런데 지금 어딜 가는 거지?

양복 차림의 밍모가 집 앞을 나서려고 하자 검은색의 고급 승용차 한 대가 미끄러지듯 다가와 멈췄습니다. 그리고 차에서 내린 젊은 남자가 깍듯이 머리를 숙이며 말했습니다.

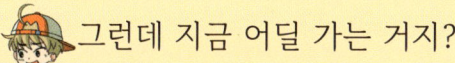 회장님, 차로 모시겠습니다.

아니 됐네, 초등학교 동창회에 가는 길이니 그냥 걸어가지. 거리도 멀지 않고….

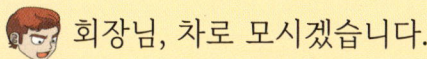 초등학교 동창회? 그럼 초등학교 친구들의 미래도 볼 수 있단 거야?

밍모가 호기심 어린 눈빛으로 눈앞의 밍모를 바라보았어요.

머뭇거리는 비서를 뒤로하고 회장 밍모는 천천히 걸음을 옮겨 어딘가로 향했습니다.

그런데 방금 회장님이라고 하지 않았어?
그러게. 회장님이라니, 그럼 나 성공한 건가? 정말?
밍모는 성공한 자신의 모습에 좋으면서도, 믿겨지지 않아 얼떨떨했어요.

따라가 보면 알겠지.
피니도 사실 의외라는 생각이 들긴 했지만, 겉으로 내색하지는 않았지요.

잠시 후 회장 밍모는 한 카페에 도착했습니다. 문을 열고 들어가니 넓은 카페를 통째로 빌린 듯 다른 손님은 없이 중년이 된 초등학교 친구들의 모습만 보였어요. 모두 오랜만에 만나 어린 시절로 다시 돌아간 듯 신난 표정이었죠.

몰래 뒤따라온 밍모와 피니는 구석에 자리를 잡고 동창들의 이야기를 엿들었습니다.

나는 배우가 됐어. 주인공은 아니지만 연기를 하는 게 즐거워.

꿈이었던 수영선수를 부상으로 포기한 후, 요리 공부를 했어. 지금은 한식당을 운영하고 있지.

난 전 세계를 다니며 멸종 위기의 동물 사진을 찍고 있어. 최근에 했던 사진전 반응이 꽤 괜찮았지.

난 투자분석사로 일하고 있어. 정기적으로 어르신을 위한 봉사 활동도 하고 있지.

세월이 흘러 만난 밍모의 친구들은 사회적으로 크게 성공하지는 못했지만 모두들 자신의 인생에 만족스러운 모습이었어요.

신기하네. 저 녀석이 배우가 될 줄은 몰랐어. 그리고 수영을 잘했던 친구가 요리사가 되다니, 놀랍네.

모습이 달라졌을 텐데, 친구들을 다 알아보겠어?

당연하지. 어릴 때 모습은 그대로 남아 있는걸?

밍모는 숨어서 나이 든 친구들을 바라보고 있으니, 괜히 뿌듯한 기분이 들었습니다. 하지만 어째서인지 회장 밍모는 오랜만에 만난 친구들 사이에서도 말이 별로 없었어요.

그러다 친구 중 한 명이 먼저 말을 건넸죠.

우리 중에 제일 성공한 건 밍모잖아.

맞아, 맞아. 뉴스에도 맨날 나오더라?

난 같이 일하는 동료에게 밍모 네가 초등학교 동창이라고 했더니, 안 믿더라고. 그래서 오늘 꼭 같이 사진 찍어서 보여 준다 했지. 이따 사진 한번 찍자.

그런데 그렇게 큰 사업에 성공한 비결이 뭐야?

또 다른 한 친구가 물었습니다.

숨어서 이야기를 듣고 있던 밍모도 귀를 쫑긋했어요.

그래, 나도 내가 어떻게 성공했는지 궁금해.

조용히 친구들의 이야기를 듣고만 있던 회장 밍모는 약간 머쓱한 표정으로 친구들을 바라보며 천천히 입을 뗐습니다.

🧑 처음엔 우연한 기회였어. 게임을 하다 보니 어떤 스킬을 써야 하는지, 게임에 대해 연구하게 된 거야. 그걸 나 혼자 알긴 아쉬워서 같은 게임을 하는 사람들과 정보를 나눴는데, 그게 반응이 좋아서 게임사에서 연락이 온 거야. 그게 계기가 되어 자연스럽게 게임을 좋아하는 사람들을 대상으로 하는 여러 분야에 진출하게 된 거지.

🧑 와아, 그렇구나! 역시 성공한 사람은 뭔가 달라!

🧑 맞아. 난 게임을 즐기기만 하는데, 역시 다르네.

뭔가 대단한 이야길 기대했던 밍모는 약간 허탈해졌어요.

몇 시간 후, 동창회 자리를 빠져나온 회장 밍모는 터덜터덜 힘없이 길을 걸었어요. 지나가는 사람들은 그를 알아보고 힐끗힐끗 쳐다봤죠.

하지만 회장 밍모의 표정이 어두워서인지 아무도 말을 걸지는 못했어요. 그리고 밍모와 피니는 계속 회장 밍모의 뒤를 몰래 쫓았습니다.

이상하네. 사업도 성공하고 유명해졌는데 왜 기분이 안 좋아 보이지?

피니가 이해할 수 없다는 듯 말했죠.

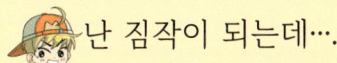 난 짐작이 되는데….

밍모는 뭔가 말을 하려다가 말끝을 흐렸습니다.

그때, 회장 밍모는 걸음을 멈추고 길가 벤치에 털썩 주저앉아 한숨을 푹 내쉬었습니다.

> 모두가 날 성공한 사람이라고 하는데, 왜 나는 만족하지 못할까?

> 왜 이렇게 답답한 마음이 드는 거지? 왜 지금까지 뭔가에 쫓겨 온 느낌이 드는 걸까?

하아…

> 친구들은 모두 자기가 원했던 일을 하며 만족하는 것 같던데…

> 난 제대로 걸어온 걸까?

> 아….

숨어서 듣고 있던 피니와 밍모도 이젠 회장 밍모가 우울한 이유를 알 것 같았습니다. 밍모는 어깨가 축 늘어진 자신의 뒷모습을 바라보며 울적한 기분에 빠졌어요.

역시 꿈이 없었던 게 문제일까?

그 순간 회오리가 나타나 회장 밍모를 휘감았어요.

수아아아

으아아아—!
아, 안 돼!

앗!
내가 사라졌다!

회장 밍모가 사라진 자리에 블랙홀이 모습을 드러냈습니다.

🧢 내가 다닌 초등학교로 오라고 했지? 그렇다면 이쪽이야!
밍모가 다급하게 걸음을 옮기려는 순간, 앞쪽 공간이 뒤틀리며 박스를 뒤집어쓴 비지니스맨이 나타났습니다.

📦 밍모 군이 사라져서 인피니티 타워를
만든 회장님의 걱정이 이만저만이 아니라네.

*위장 : 본래의 정체나 모습이 드러나지 않도록 거짓으로 꾸밈.

📦 알아! 여긴 블랙홀의 영역이지만, 게임의 규칙은 동일하다. 받을 수 있는 세 번의 도움 중 한 번은 마음대로 소환 가능!

🧢 알았어요. 그런데 상자는 왜 쓰고 있어요?

📦 쉿! 이건 블랙홀의 눈에 띄지 않기 위한 *위장이야. 그리고 난 여기 오래 머무를 수 없어. 그럼 이만….

그때, 어디선가 블랙홀의 목소리가 들려왔습니다.

🕳 이 건물 꼭대기로 와라! 30년 뒤 미래의 너는 그곳에 있다!

👦 계단 정도는 얼마든지 자신 있어!

밍모는 자신만만한 표정을 지으며 건물 안으로 뛰어 들어갔습니다.

 앗!

하지만 이곳은 평범한 학교가 아니었어요. 가파른 계단이 끝없이 이어져 있는 이상한 공간이었습니다. 꼭대기의 교실은 보이지도 않을 정도로 계단이 끝없이 펼쳐졌어요.

🐤 그럼 그렇지. 건물 안은 블랙홀이 만들어 낸 4차원 공간이었어. 끝까지 오르려면 쉽지 않겠는데?

그러나 밍모는 한 치의 망설임 없이 신발 끈을 단단히 고쳐 맨 뒤 성큼성큼 무한의 계단을 뛰어오르기 시작했습니다.

🧒 무한의 계단 게임으로 다져진 계단 오르기 실력을 실제로도 보여 주마. 기다려, 30년 뒤의 나! 내가 꼭 구해 줄게.

밍모는 속도를 높여서 여느 때보다 빠르게 계단을 올랐습니다.

🐤 어휴, 쫓아가기 힘드네. 같이 가~!

뒤따라 오르는 피니는 지쳐서 숨을 헐떡였습니다. 눈 깜짝할 사이에 밍모와의 거리가 벌어지자 피니의 발걸음이 점점 무거워졌어요.

🐤 같이 좀 가자니까~. 헉헉…

그렇게 한참을 오르고 있을 때였어요.

우~우~~우~

어디선가 기분 나쁜 소리가 들려오기 시작했죠.

뭐지? 이 오싹한 느낌은….

밍모는 흠칫 놀라 걸음을 멈춰서 뒤를 돌아보았습니다. 동시에 저기 아래에 있던 피니도 뒤를 보았죠.

우~우~

이상한 소리가 점점 가까워지더니 이윽고 저 계단 아래에서 어렴풋이 사람의 *윤곽이 보였어요.

 저 사람들은 어디서 나온 거야?

 헉! 사람이 아니야! 도망쳐!

하얗게 질린 피니가 소리치며 쏜살같이 내달렸어요.

휘이잉~

바람 소리를 내며 피니가 밍모 옆을 지나쳐 올라가는 데도 밍모는 눈도 깜박이지 않고, 계단 아래의 움직임을 지켜보았지요.

우~우~~우~

저벅저벅—

헝클어진 머리에 생기 없이 푸석한 피부, 초점이 없이 퀭한 눈, 그리고 자연스럽지 않은 걸음걸이로 어슬렁어슬렁 다가오는 자들….

그들은 바로 좀비였습니다!

잠시 걸음을 멈추고 아래를 보던 피니도 정체를 알아채고 화들짝 놀랐어요.

*윤곽 : ①사물의 테두리나 대강의 모습. ②일이나 사건의 대체적인 줄거리.

우~우~~

좀비들은 마치 먹이를 찾는 굶주린 짐승들처럼 밍모를 향해 다가오기 시작했습니다.

 밍모, 어서 도망가야 해! 좀비는 끈질겨서 한번 표적이 되면 벗어날 수 없어. 빨리 달려~!

피니가 겁에 질려 소리쳤습니다.

피니의 외침에 피니가 있는 곳까지 단숨에 뛰어오른 밍모는 기발한 생각이 떠오른 듯 피니를 보며 씨익 웃었어요.

생각해 보니 겁먹을 필요 없겠어.

무슨 소리야?

 좀비는 뛰지도 못하고 속도가 느리거든. 게다가 몸이 뻣뻣해서 계단을 오르는 건 쉽지 않지. 그러니까 그다지….

그때였어요. 좀비들의 눈빛이 날카롭게 번뜩이더니 갑자기 '우르르—' 계단을 뛰어오르기 시작한 거예요. 그것도 엄청 빠른 속도로 말이죠.

우어어어~~!
쿵쾅 쿵쾅
우어어어~~!

좀비들이 무서운 속도로 따라오기 시작했어요.
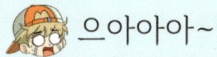 으아아아~!
당황한 밍모와 피니는 좀비들에게 잡힐세라 정신 없이 계단을 올랐습니다.

숨이 차오를 때까지 내달리던 피니는 더 이상 못 올라가겠다는 듯 멈춰 섰어요.

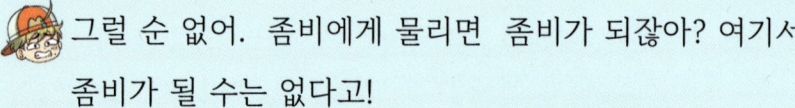 그럴 순 없어. 좀비에게 물리면 좀비가 되잖아? 여기서 좀비가 될 수는 없다고!

그때, 좋은 생각이 난 듯 눈을 피니가 눈을 반짝였어요.

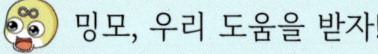 밍모, 우리 도움을 받자!

아, 그렇지? 세 번의 기회가 있다는 걸 깜빡했네!

우어어어~~!

좀비들이 어느새 밍모와 피니가 있는 계단 바로 아래까지 다가왔습니다.

위기의 순간, 밍모가 큰 소리로 외쳤습니다.

도와줘~!

그러자 계단 위쪽에서 '또각—'하는 구둣발 소리가 들렸어요.

누굴까?

좀비를 한 방에 물리칠 수 있는 강력한 전사면 좋겠는데….

여러분 안녕?
나는 이 학교의
보건 선생님이에요.

짜안!

엥? 보건 선생님?

 검객 같은 싸움 잘하는 인물이 나왔어야 했는데….

*일말의 희망을 가졌던 밍모와 피니는 실망감에 맥이 탁 풀리고 말았어요.

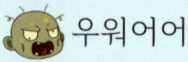 우워어어—!

그사이 바로 옆까지 바짝 다가온 좀비들이 밍모와 피니의 발목을 잡으려고 옆에서 두 팔을 허우적댔습니다.

 으아아~! 어떻게든 해 봐!

 저리 비켜!

밍모가 다리를 휘둘러 좀비들을 걷어찼습니다.

콰당탕—

발에 차인 좀비들은 뒤로 벌러덩 넘어지며 아래쪽으로 나가떨어졌습니다. 그러나 좀비들은 아무렇지도 않은 듯 멀쩡히 다시 일어나 엉금엉금 계단을 올랐습니다.

그 광경을 물끄러미 지켜보던 보건 선생님이 약간 화가 난 듯 미간을 찌푸리며 말했습니다.

어머, 이 지저분한 친구들은 뭐죠? 선생님이 항상 위생에 신경 쓰라고 했을 텐데요? 그런 모습으로 학교를 더럽히면 안 돼요!

*일말 : '약간'을 이르는 말.

그러자 밍모가 소리쳤습니다.

 선생님, 저들은 학생이 아니에요! 좀비라고요!

 좀비라고요? 바이러스 감염자들이 학교에 함부로 들어오다니! 가만히 두고 볼 수 없군요.

 잘못하면 선생님도 감염될 거예요!

보건 선생님은 커다랗고 뾰족한 바늘의 주사기를 꺼냈습니다.

 걱정 말아요. 치료 주사는 바이러스에 감염된 좀비들에게만 접종할 거니까요.

보건 선생님은 말을 마치자마자 좀비들을 향해 바람처럼 달려들었습니다.

주사를 두려워할 거 없어요! 잠깐 따끔한 주사 한 방이면, 원래의 건강한 모습으로 돌아올 테니까요!

대왕 주사기에 깜짝 놀란 좀비들이 몸을 피했지만, 보건 선생님은 *전광석화처럼 재빠르게 한 명도 빠짐없이 치료 주사를 놓았어요.

🐔 괴, 굉장하다….

🐥 왠지 좀비들이 안됐단 생각이….

우어어어―

주사를 맞은 좀비들은 고통스러운 듯 몸부림을 쳤습니다. 하지만 서서히 온몸에 약이 퍼지자 안정을 찾으며 점차 원래의 모습으로 돌아오기 시작했어요.

*전광석화 : 부싯돌의 불이 번쩍거리는 것과 같이 매우
　짧은 시간이나 매우 재빠른 움직임 따위를 비유적으로 이르는 말.

좀비에서 다시 평범한 모습으로 돌아온 사람들은 머쓱한 표정으로 뒷머리를 긁으며 사라졌습니다.

좀비들이 치료되다니, 보건 선생님 덕분이야!

대왕 주사가 효과가 있었네…!

밍모와 피니는 질색하며 재빨리 보건 선생님을 피해 계단을 뛰어올라 갔습니다.

그렇게 한참을 오르고 있을 때였어요.

야옹~ 야옹~

어디선가 조그맣게 고양이 울음소리가 들려왔습니다. 밍모는 걸음을 멈추고 소리가 나는 쪽으로 귀를 기울였습니다.

- 어디서 고양이 울음소리가 들리지 않아?
- 잠깐! 어쩌면 함정일지도 몰라! 조심하는 게 좋겠어!
- 하지만 울음소리를 듣고 모른 척 지나칠 순 없어.

피니의 경고에도 불구하고 밍모는 울음소리가 들리는 쪽으로 걸음을 옮겼습니다. 계단에 새끼 고양이 한 마리가 몸을 웅크리고 있는 모습이 보였어요.

널 도와주려는 거니까 겁먹을 것 없어.
 냐옹~.

밍모는 고양이가 놀라지 않도록 조심스레 다가가 손을 내밀었어요. 그러자 고양이도 밍모의 마음을 알아차린 듯 손끝을 핥더니, 자연스레 밍모의 품에 안겨 재롱을 떨기 시작했어요. 밍모는 고양이의 머리를 부드럽게 쓰다듬으며 말했습니다.

이렇게 귀여운 고양이가 방해꾼일 리 없잖아.

귀여운 거랑은 상관없지 않나….

그때였어요. 계단 위쪽에서 '저벅저벅—' 발소리가 들려왔습니다. 이어서 환한 손전등 불빛이 밍모의 얼굴 위로 쏟아졌어요.

 윽! 눈부셔!
 누구야?

어느새 손전등을 든 경비원이 밍모와 피니 앞에 서 있었어요. 그는 험상궂은 표정으로 소리쳤습니다.

저, 저는… 그러니까… 건물 꼭대기에 있는 미래의 저를 구하려고… 무한의 계단을….

당황한 밍모는 어떻게 둘러대야 할지 몰라서 횡설수설하고 말았어요.

경비원의 기세에 눌린 피니는 슬그머니 밍모 뒤로 몸을 숨겼습니다.

이유를 제대로 말하지 못하는 걸 보니 수상한 녀석이 틀림없군! 당장 따라와!

경비원의 호통에 밍모는 잔뜩 긴장한 표정으로 뒤에 숨은 피니에게 도움을 요청했어요.

피니, 뭔가 적당히 둘러댈 방법이 없을까?

글쎄… 나도 뾰족한 방법이 떠오르질 않네.

그냥 이대로 도망쳐 버릴까?

그러다 잡히면 어쩌려고! 왠지 달리기도 빠르실 것 같아!

둘이 귓속말로 소곤대자 경비원은 더욱 화가 난 얼굴로 소리쳤습니다.

무슨 꿍꿍이인지 모르지만, 대충 빠져나갈 생각이라면 꿈도 꾸지 마라!

그때였어요!

냐옹—

밍모의 품에 안겨 있던 고양이가 경비원을 향해 날카로운 울음소리를 냈어요.

그러자 경비원은 깜짝 놀라 외쳤습니다.

 교장 선생님이 아주 심한 고양이 알레르기가 있어서 특별히 고양이는 이 건물에 출입 금지라는 거 몰라?

네에?

안 되겠다! 너희 모두 당장 여기서 나가!

그건 안 돼요. 꼭대기 층에 있는 교실에 가야 한다고요.

그건 네 사정이고! 당장 나가지 않으면 강제로 쫓아낼 테다!

경비원은 눈빛을 *희번덕거리며 윽박질렀습니다. 밍모의 뒤에서 움츠리고 있던 피니가 무언가 깨달은 듯 속삭였어요.

저 사람이 두 번째 방해꾼이 틀림없어.

---

*희번덕거리다 : 눈을 크게 뜨고 흰자위를 자꾸 번득이며 움직이다.

큰 통과 부딪치기 직전, 밍모와 피니는 구석으로 몸을 바짝 붙여 간신히 피할 수 있었어요.

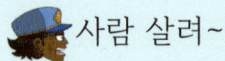 사람 살려~!

겁을 먹은 경비원은 순식간에 뒤꽁무니 빠지게 도망쳤습니다.

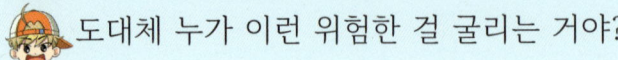 도대체 누가 이런 위험한 걸 굴리는 거야?

크하하하!

계단 위쪽에서 누군가의 호탕한 웃음소리가 울려 퍼졌습니다. 그리고 수염이 잔뜩 난 커다란 덩치의 남자가 모습을 드러냈어요.

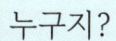 누구지?

 저 통을 어디서 본 적이 있는데….
아, <직업 탐방>이란 프로였어! 저렇게 생긴 통이 엄청 많은 저장소가 있고, 근처엔 포도밭이 있었는데….

밍모가 기억을 더듬어 하나하나 떠올리기 시작했어요.

 포도밭에 저장고…, 아, 포도로 만든 와인이었어.

 그럼, 와인 제조자? 두 번째 방해꾼은 고양이도, 경비원도 아니었네.

 일단 여기를 통과할 방법을 찾아야 해.

 크흐흐, 빠져나갈 *궁리 중이라면 포기하는 게 좋을 거다! 내 오크통을 피할 수 없을 테니까!

와인 제조자는 보란 듯이 아까보다 훨씬 더 큰 오크통을 번쩍 들어 올렸습니다. 그리고 연달아 수십 개의 오크통을 계단 아래로 굴렸어요.

*궁리 : 마음속으로 이리저리 따져 깊이 생각함. 또는 그런 생각.

굴러오는 오크통들을 멍하니
바라보던 피니는 온몸이 얼어붙은 듯 꼼짝할 수 없었어요.

저기에 깔리면… 납작 오징어가 되겠어.

이대로 물러설 수는 없지! 두 번째 도움을 요청해 보자!

 좋은 계획이 있어?

 아니, 일단 누구든 불러봐야지!

밍모가 크게 외치자 어디선가 '콩콩콩—' 소리가 들려왔습니다.

 뭐지?

'콩콩콩—' 소리와 함께 나타난 건 다름 아닌 개구리소년이었어요.

도와줘—!

안녕, 난 개구리소년! 스카이콩콩은 너무 재미있어!

콩콩 뛰면 머리가 하늘까지 닿을걸~!

윽! 이건 아니잖아….

쿠쿠쿠쿠쿠—

그 사이 거대한 오크통은 가속도가 붙으며 점점 더 빠르게 굴러 내려왔어요. 밍모와 피니쪽으로 빠르게 다가왔죠.

 틀렸어!

피니는 눈을 질끈 감았어요. 그 순간, 밍모의 머릿속에 번개처럼 스치는 것이 있었어요.

피니가 밍모의 등에 찰싹 붙음과 동시에 밍모는 새끼 고양이를 품에 안은 채 재빨리 개구리소년의 스카이콩콩에 올라탔습니다.

파앙— 파앙— 파앙—

무게가 훨씬 무거워졌지만 개구리소년은 능숙한 조종으로 흔들림 없이 중심을 잡았어요. 그리고 높이 뛰기 시작했어요.

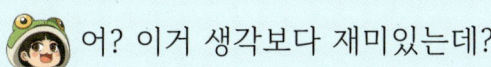 어? 이거 생각보다 재미있는데?

장난기가 발동한 개구리소년이 점점 더 높이 뛰었어요. 그럴수록 밍모는 개구리소년의 옷깃을 잡은 손에 꼬옥 힘을 주었지요. 밍모 품 안의 새끼 고양이도 잔뜩 긴장한 표정이었어요.

쿠쿠쿠쿠—

위에서 내려오던 수십 개의 거대한 오크통이 일행을 덮치려는 찰나! 지금이야! 반동을 이용해서 힘껏 뛰어!

쿠쿠쿠—
파앙—
개구리소년은 계단에 떨어지는 오크통들을 차례로 뛰어넘었어요. 개구리소년의 활약에 밍모와 피니도 신이 났지요.

 와! 이거 짜릿한데?

와인 제조자는 화가 나서 오크통을 계속 굴렸습니다.

파앙— 파앙—

하지만 개구리소년은 마치 놀이기구를 탄 듯 곡선을 그리며 튀어올랐어요. 굴러떨어지는 오크통을 피해 가며 계단을 폴짝폴짝 뛰어올라 마침내 와인 제조자의 머리 위를 훌쩍 넘어가 버렸습니다.

 하하하~ 안녕!

 으아아아~!

밍모 일행이 손을 흔들며 멀어지자 약이 올라서 분통을 터뜨리던 와인 제조자는 이내 어딘가로 사라지고 말았습니다.

콩콩콩―

스카이콩콩이 천천히 멈추자 일행도 내렸습니다.

후유, 얼마나 꽉 매달렸는지 손에 쥐가 날 것 같아.

피니는 손을 주무르며 안도의 한숨을 쉬었어요. 밍모의 머리 위에서 신나 했던 고양이도 어느새 밍모의 품 안으로 쏙 들어갔어요.

개구리소년이 '콩콩콩콩―' 소리를 내며 사라졌습니다.

이번엔 정말 아슬아슬했지?

응, 하지만 오크통을 뛰어넘을 때 얼마나 짜릿했는지 몰라.

나도 처음엔 무서웠는데, 점점 통통 튀는 게 신나더라!

갈수록 방해가 심해지는 것 같아. 마지막 세 번째는 또 뭐가 나타날지….

걱정스러운 표정으로 저기 계단 위를 올려다 보던 밍모가 무언가 발견한 듯 눈을 반짝였어요.

저기 계단 끝에 교실이 보여!

그때 계단 끝에 서 있는 누군가의 모습이 보였습니다.

교장 선생님? 저 분이 마지막 세 번째 방해꾼?

크, 큰일이다! 학교에서 교장 선생님보다 높은 사람은 아무도 없잖아?

내가 지키고 있는 한, 어림없다!

아니, 교장 선생님이 등장하는 건 반칙이라고…!

교장 선생님과 겨룰 수도 없고, 어떡하지…?

밍모는 이리저리 머리를 굴려 봤지만 마땅히 좋은 생각이 떠오르지 않았어요.

 훗, 운 좋게 나를 따돌린다 해도 교실엔 들어갈 수 없을 것이다! 왜냐?

밍모와 피니는 교장 선생님의 다음 말을 기다리며 마른침을 꿀꺽 삼켰어요.

 바로 이 교실의 문에는 내 얼굴이 입력된 최첨단 안면인식 장치가 설치되어 있기 때문이지.

안면인식 장치?

얼굴을 확인해야 문이 열리는 특수 장치 말이야.

그런 건 영화에서 봤지, 진짜 있는지 몰랐어.

그래도 뭔가 방법이 있지 않을까?

이때, 이 고민에 *쐐기를 박듯 의기양양한 교장 선생님의 목소리가 울려 퍼졌어요.

쐐기(를) 박다 : ① 뒤탈이 없도록 미리 단단히 다짐을 두다. ②(사람이 시합 따위에서) 결정적으로 이기게 하다.

나를 제외하곤 아무도 들어갈 수 없을 것이다.

 이제 어떡해…?

순간, 밍모는 좋은 아이디어가 떠오른 듯 손가락을 '딱—' 쳤어요.

 아무리 최첨단 장치라도 허점이 있기 마련이야. 세 번 중 한 번은 내가 마음대로 소환할 수 있댔지?

메이크업이 필요해? 나로 설명하면~ 내 손 안에서 수많은 인기 스타들의 빛나는 얼굴이 완성되었지.

 갑자기 메이크업아티스트라니…! 생뚱맞잖아.

자신의 등장에 당황한 피니를 의식한 듯 메이크업아티스트의 자랑은 계속되었습니다.

 저마다의 생김새와 분위기에 어울리는 메이크업으로 고유의 매력을 최대한으로 끌어낼 수 있지. 혹은 아무도 못 알아보게 다른 사람으로 만들 수도 있어.

그러니까 메이크업으로 얼굴을 바꿀 수 있단 얘기죠?

그렇다니까. 거의 특수효과 분장 수준이란다.

 그럼, 제 얼굴을 교장 선생님으로 만들어 주세요!

 교장 선생님?

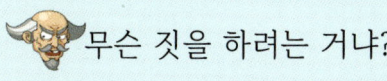 무슨 짓을 하려는 거냐?

듣고 있던 교장 선생님이 발끈해서 소리쳤습니다.

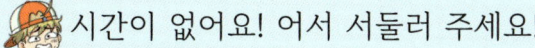

감히 내 얼굴을 따라 한다고? 무슨 꿍꿍이야?

화가 머리끝까지 난 교장 선생님이 버럭 소리쳤습니다.

시간이 없어요! 어서 서둘러 주세요!

알았어. 교장 선생님을 깜짝 놀라게 할 생각을 하니, 창의력이 마구마구 샘솟는데? 제대로 솜씨를 발휘해 볼게.

메이크업아티스트는 다양한 도구들을 잔뜩 꺼내더니 밍모의 얼굴에 분장을 시작했습니다. 손놀림이 어찌나 빠른지 순식간에 밍모의 얼굴은 온데간데 없어졌어요.

흠, 눈썹은 올리고, 코는 뭉툭하게, 수염도 붙이고, 피부는 주름지게….

마지막으로 눈썹에 붓을 두 번 '톡톡' 두드린 메이크업아티스트는 손을 툭툭 털며 뒤로 한 걸음 물러났습니다.

후유, 완성이야. 그 동안 쌓은 나의 모든 기술을 쏟아부었어.

다가와서 밍모의 얼굴을 확인한 피니의 입이 쩍 벌어졌습니다

앗! 대단하다…!

손거울로 자기 얼굴을 비춰보던 밍모도 감탄할 수밖에 없었어요.

오! 완벽하게 교장 선생님인데…?

얼마나 똑같은지 몇 번을 다시 봐도 *분간하기 어려울 정도였어요.

아, 내가 봐도 완벽해! 그런데 완성하고 나니, 긴장이 확 풀리면서 피곤이 몰려오네. 이제 좀 쉬어야겠어.

한 번 더 분장한 밍모의 얼굴을 *훑어본 메이크업아티스트는 기운이 쭉 빠진 얼굴로 사라졌습니다.

---

*분간 : 어떤 대상이나 사물을 다른 것과 구별하여 냄.
*훑어보다 : ①한쪽 끝에서 다른 끝까지 쭉 보다.
②위아래로 또는 처음부터 끝까지 빈틈없이 쭉 눈여겨보다.

왠지 반말을 하기도 조심스러워. 그, 그래서 이젠 어쩔 계획이야?

피니가 교장 선생님으로 변한 밍모에게 조심스레 물었습니다. 그러자 변장한 밍모는 훌쩍 계단을 올라가 진짜 교장 선생님 앞에 섰습니다.

똑같은 얼굴의 두 사람이 마주 서 있는 장면은 정말 신기했어요.

이, 이게 무슨…!

기세등등하던 교장 선생님도 자신과 똑같이 분장한 밍모 모습에 당황한 표정이었어요.

헤헤, 얼굴이 똑같으니 이제 최첨단 안면인식 장치도 별 소용이 없을걸요?

헉! 이 녀석이…!

아, 그런 작전이었구나!

교장 밍모는 교실 문 앞 안면인식 장치에 얼굴을 가까이 대고 마음대로 주문을 외쳤습니다. 교장 선생님의 얼굴이라면 뭐라고 외치든 상관이 없으니까요.

열려라, 참깨!

위이잉-

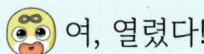 여, 열렸다!

화가 난 진짜 교장 선생님이 밍모를 재빠르게 밀치며 안면인식 장치 앞에 섰어요.

 닫혀라!

 훗, 다시 열면 되죠. 열려라, 마법의 문!

 한번 해보자는 거냐?

둘이 문 앞에서 서로 얼굴을 들이대며 옥신각신 하는 통에 피니는 정신이 쏙 빠지고 말았어요.

그때 피니의 곁에 있던 새끼 고양이가 계단을 깡충깡충 뛰어 진짜 교장 선생님의 머리 위로 올라탔어요. 그러자 교장 선생님은 펄쩍 뛰며 *기겁했어요.

교장 선생님은 온몸을 벅벅 긁더니 새파랗게 질린 얼굴로 허겁지겁 도망치듯 사라졌습니다.

  고양이야, 도와줘서 은혜를 갚은 거야?
밍모는 감격한 얼굴로 고양이에게 미소를 지었어요.

*기겁하다 : 숨이 막힐 듯이 갑작스럽게 겁을 내며 놀라다.

냐옹—

새끼 고양이는 밍모에게 고맙다는 마지막 인사를 남기고 어딘가로 사라졌습니다.

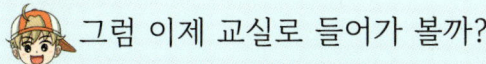 그럼 이제 교실로 들어가 볼까?

밍모가 안면인식 장치에 얼굴을 대자 문이 스르르 열렸습니다. 교실 안으로 한 걸음 들어서자 변장한 밍모의 얼굴도 원래대로 돌아왔어요. '쪼르르—' 뒤따라온 피니가 교실 창가에 우두커니 앉아 있는 회장 밍모를 발견했어요.

저기 있다! 30년 뒤, 미래의 너!

밍모가 다가가 조심스럽게 말을 건넸습니다. 자기 자신에게 존댓말을 한다는 것이 낯설긴 했지만요.

🗨 우리, 언제 만난 적 없니? 얼굴이 익숙하구나.

회장 밍모는 어린 시절의 자신을 알아보지 못하는 것 같았어요.

🧢 언젠가 마주친 적이 있나 보죠.

밍모가 적당히 얼버무렸습니다.

🗨 후후, 그런가? 만약 내가 일찌감치 결혼해서 아이가 있다면 네 또래였을지 모르지. 아쉽게도 아직 혼자이지만 말이다.

🧢 일이 엄청 바쁘셨나 봐요?

🗨 정신없이 바빴지. 미처 나 자신을 돌보지 못했어.
그러다 얼마 전 문득 뒤를 돌아보게 됐지. 그랬더니….

🗨 그랬더니…?

🗨 지금의 내 모습이 진짜 내가 원했던 것인지 확신이 들지
않더구나. 남들은 나를 부러워하지만 난 알고 있거든.
난 꿈이 없었단걸. 어쩌다 보니 잘 풀렸고, 눈 뜨고 보니
쉼 없이 달리고 있었다는 것을. 마치 브레이크가 고장난
자동차처럼 말이다.

🗨 원해서 열심히 하신 게 아니에요?

🗨 글쎄, 난 아직도 내 꿈이 뭔지 모르겠어. 내가 진짜 원하는
게 무엇인지…. 할 수만 있다면 과거로 돌아가 다른 인생을
살아 보고 싶기도 하고….

🗨 돌아갈 수 있어요! 이건 당신의 진짜 모습이 아니에요!
블랙홀이 만들어 낸 또 다른 미래거든요! 내가 소원을 이뤄
줄게요.

밍모의 말에 회장 밍모는 어리둥절한 표정을 지었어요.

🗨 뭐? 그게 무슨 말이니?

🗨 밍모, 그런 말은 괜히 혼란만 줄 뿐이야.

밍모 뒤에 숨어 대화를 듣고 있던 피니가 나직이 속삭이자,
밍모는 아차 싶은 생각에 눈동자를 굴리며 변명 거리를 찾았어요.

그, 그건 그냥 제 바람이었어요. 최근에 제가 재미있게 읽은 만화책에서 주인공이 과거로 가서 미래를 바꾸거든요.

밍모의 이야기에 피식 웃음을 지은 회장 밍모는 창밖으로 시선을 옮겼어요.

너와 연관된 특별한 물건을 찾으랬잖아. 기억을 더듬어 봐! 여긴 네가 공부했던 교실이잖아.

으음, 모르겠어. 도무지 특별한 게 떠오르지 않아.

그때, 창밖을 보던 회장 밍모의 목소리가 들렸어요.

● 담임 선생님의 제안으로 마니또 게임을 한 적이 있는데….
● 마니또 게임?
● 제비뽑기를 통해 내가 선택한 친구를 몰래 돕고, 뜻깊은 선물을 주기도 하는 거야. 나의 마니또가 있듯이 나를 뽑은 마니또도 있지.
● 어느 날 마니또가 쪽지를 보내왔어.
● 뭐라고 적혀 있었는데요?
● 지도가 그려져 있고, 이런 글이 적혀 있었어.

그래, 그 쪽지! 지도가 그려진 쪽지를 찾으면 돼!

그렇겠구나! 그게 시간을 되돌리는 특별한 물건이야!

이제 찾았다는 생각에 밍모는 들뜬 목소리로 물었어요.

그 쪽지가 어디에 있었죠?

그러자 회장 밍모는 손가락으로 교실 뒤의 어딘가를 가리켰습니다.

조용히 다가온 회장 밍모가 사물함을 열자, 거기엔 오래돼 누렇게 바랜 낡은 쪽지 한 장이 놓여 있었습니다.

이거야!
그때는 별생각 없이
한번 보고 사물함에
던져뒀는데….

회장 밍모가 추억을 회상하듯 천천히 마니또의 쪽지를 펼치자 그 안에서 눈부신 빛이 뿜어져 나왔어요.

어?

그리고 환한 빛 속에서 40대 회장 밍모는 10년을 거슬러 30대의 밍모로 변했습니다.

미션 2 · 명모의 직업 소환 Ⅰ

❶ 의사

어떤 일을 하나요?
환자의 병을 연구하고 진단 및 치료해요. 한의사는 질병의 원인을 사람의 기운이 허약해짐에 따른 것이라 보는 동양 의학에 기반하여 병을 치료해요.

어울리는 직업

약사 약국에서 약을 판매·조제·투약 방법을 안내합니다.

간호사 의사의 처방에 따라 환자의 치료를 돕습니다.

수의사 동물의 질병을 연구하고 진단하고 치료합니다.

직업 성격 유형 — 탐구형(Ⅰ)
지적, 논리적이고 호기심이 많고 독립적인 유형

- 지적 호기심
- 신중함
- 분석적
- 집중력
- 독립적
- 합리적
- 수리 논리력
- 문제 해결력

나에게 맞는 직업일까?
☑ 나와 가까운 항목을 체크해 보아요.

- ☐ 수학과 과학을 좋아해요.
- ☐ 아픈 친구들을 잘 도와줘요.
- ☐ 스스로의 생각과 감정을 조절할 수 있어요.
- ☐ 문제가 생기면, 해결 방법에 집중해요.
- ☐ 내 생각을 논리적으로 말할 수 있어요.
- ☐ 건강 관리에 관심이 많아요.

4개 이상이면 **탐구형 직업**과 가까워져요.

친구들 밍모닝~ 오랜만이야. 내가 게임 세계로 들어온 후 미션을 경험하며 도움을 받은 인물들 기억 나지? 이번에도 인물들과 연관된 직업을 소환하는 것이 이번 미션이야. 각 직업 성격 유형을 보면서 나와 맞는지 항목을 체크해 봐.

❷ 초중고교사

어떤 일을 하나요?

과목별 공부를 가르치고, 올바른 생활 태도, 학생들 스스로 생각하는 문제 해결력을 갖출 수 있도록 지도해요. 초등학교 교사는 거의 모든 과목을 가르쳐요.

어울리는 직업

교수 대학교에서 연구·강의합니다.

유치원교사 미취학 아동을 지도합니다.

학원강사 분야별 각종 시험을 대비해 교육합니다.

직업 성격 유형 — 사회형(S)

다른 사람을 가르치거나 돌보거나 치유하고 돕는 일을 좋아하는 유형

- 지도력
- 해결력
- 인내력
- 사교적
- 높은 공감력
- 협조적
- 긍정적
- 헌신적

나에게 맞는 직업일까?

✓ 나와 가까운 항목을 체크해 보아요.

- ☐ 가르치거나 설명하는 것을 좋아해요.
- ☐ 친구의 어려움을 잘 이해해 줘요.
- ☐ 친구들 앞에서 발표하는 것을 좋아해요.
- ☐ 말하기와 글쓰기를 좋아해요.
- ☐ 여러 친구들과 폭넓게 사귀는 걸 좋아해요.
- ☐ 친구들 감정에 공감을 잘해요.

4개 이상이면 **사회형 직업**과 가까워져요.

미션 2 밍모의 직업 소환 Ⅰ

③ 메이크업 아티스트

어떤 일을 하나요?
화장을 통해 아름다움을 연출하는 직업으로 분위기와 상황에 맞추어 고객의 메이크업을 담당합니다. 고객의 요구를 반영하여 외모와 얼굴 특성에 따라 화장을 해 줍니다.

어울리는 직업

스타일리스트 고객에 맞춰 의상, 헤어스타일, 화장 등을 연출합니다.

헤어디자이너 다양한 미용 기구를 활용, 헤어스타일을 만듭니다.

모델 제품의 아름다움과 특징을 보여주며 홍보합니다.

직업 성격 유형 예술형(A)
다양한 자원을 이용하여 새로운 것을 창작하는 활동을 하고 싶어하는 유형

- 상상력
- 창조적
- 개방적
- 독창적
- 뚜렷한 개성
- 풍부한 감수성
- 미적 감각
- 손재능

나에게 맞는 직업일까? 나와 가까운 항목을 체크해 보아요.

- ☐ 화장품이나 유행하는 옷에 관심이 많아요.
- ☐ 기발한 아이디어를 자주 생각해요.
- ☐ 단체 활동보다 개인 활동을 더 좋아해요.
- ☐ 창의적으로 무언가를 만드는 것을 좋아해요.
- ☐ 미술과 음악 과목을 좋아해요.
- ☐ 지루하고 따분한 걸 싫어해요.

4개 이상이면 **예술형 직업**과 가까워져요.

❹ 분야별 관리사

어떤 일을 하나요?

자신이 전문으로 맡고 있는 분야에 대한 종합적인 지식을 바탕으로 자료를 수집, 분석하여 체계적으로 관리하는 직업을 말합니다.

어울리는 직업

저작권관리사 창작물을 함부로 사용하지 못하게 해요.

스포츠건강관리사 건강을 회복할 수 있도록 도와줘요.

데이터베이스관리사 각종 데이터를 체계적으로 수집·정리해요.

직업 성격 유형 관습형(C)

자료를 정리하는 등의 체계적이고 조직적인 일을 좋아하는 유형

- 꼼꼼함
- 계획성
- 정확함
- 원칙적
- 조심성
- 세밀함
- 실용적
- 양심적

나에게 맞는 직업일까?

✅ 나와 가까운 항목을 체크해 보아요.

- ☐ 계획하면서 꼼꼼하게 정리를 잘해요.
- ☐ 내가 맡은 일을 남에게 미루지 않아요.
- ☐ 규칙적으로 생활하고 있어요.
- ☐ 결정을 내릴 때 신중하게 하는 편이에요.
- ☐ 한 가지를 집중해서 공부하는 것을 좋아해요.
- ☐ 친구의 고민을 듣고 잘 상담해 줘요.

4개 이상이면 **관습형 직업**과 가까워져요.

직업 소환 미션 성공! 다음 미션으로 고고!

10년 젊어진 30대 나이의 밍모는 회오리에 휩쓸려 어딘가로 사라졌습니다.

- 블랙홀이 다음 게임 장소로 데려간 건가?
- 그런데… 내 사물함에 지도가 그려진 쪽지를 넣은 마니또는 누구였을까?
- 잘 생각해 봐. 떠오르는 친구 없어?
- 글쎄….

그 순간, 이번에는 밍모와 피니가 환한 빛에 휘감겼어요. 그리고 블랙홀 속으로 빨려 들어갔습니다.

잠시 후, 밍모가 조심스레 눈을 떴습니다. 그러고는 잔뜩 긴장한 표정으로 주위를 두리번거렸어요.

 여긴 어디지?

 지하실 같은데?

유심히 살펴보니 여기저기에 택배 상자들이 잔뜩 쌓여 있었어요.

택배 상자가 왜 이렇게 많지?

여긴 대체 뭐 하는 곳이야…?

그때였어요.

쿵— 쿵—

어디선가 상자들을 내려놓는 소리가 들렸습니다.

피니가 가리키는 곳에는 조금 전 사라진 30대의 밍모가 열심히 상자들을 옮기고 있었습니다.

- 여기서 뭘 하는 거지?
- 30년 후의 네가 그랬잖아. 게임을 좋아하는 사람들을 대상으로 하는 여러 분야에 사업을 했다고. 그렇다면, 이것들은 게임 관련 용품을 포장한 거 아닐까?
- 그럼, 저게 다 주문이 들어온 것들이란 말이야? 내가 직접 포장하고, 발송도 하고?
- 뭐, 그렇게 되겠지.
- 일단 들키지 않게 몸을 숨기자.
- 그래, 마주치면 설명하기 복잡해질 테니까.

밍모와 피니는 커다란 택배 상자 더미 뒤에 몸을 숨겼습니다. 이들을 눈치채지 못한 30대 밍모는 구슬땀을 흘리며 계속해서 상자들을 옮기고 있었어요. 밍모는 열심히 일하는 30대의 자기 자신을 신기한 듯 바라봤어요.

- 내가 저렇게 열심히 일하는 모습은 상상도 못 했어.
- 회장 밍모의 성공에는 이런 과정이 있었던 거겠지. 아무런 노력 없이 얻는 건 없으니까. 그런데 지금의 네 모습과는 많이 달라 보이긴 하네.

30대 밍모과 옆의 밍모를 번갈아 보던 피니는 장난스러운 표정으로 고개를 끄덕였어요.

그러자 밍모가 *발끈하고 나섰어요.

🧑‍🦰 내가 원래 한번 맘 먹은 건 해내는 사람이라고~!

🧒 그래, 그래, 알았어.

둘의 목소리가 높아지자 30대 밍모도 멈칫했어요.

👱 무슨 소리지? 누가 왔나…?

🧒 쉿! 조용히 하자. 이러다 들키겠어!

🧑‍🦰 미안, 나도 모르게 흥분해서….

다시 주변이 조용해지자 30대 밍모도 하던 일을 계속했습니다.

👱 아, 벌써 시간이 이렇게 됐네?
오늘 안에 다 보내야 하는데, 서두르자!

그때 30대 밍모의 배에서 '꼬르륵' 소리가 났어요.

으으, 배고파서 안 되겠다. 아까 사 온 컵라면이라도 먹고 하자.

---

*발끈하다 : ① 사소한 일에 걸핏하면 왈칵 성을 내다.
　　　　　② 뒤집어엎을 듯이 시끄러워지다.

30대 밍모는 봉지 안에서 컵라면을 꺼내, 뚜껑을 뜯고 그 안에 뜨거운 물을 채워 넣었습니다. 그리고 컵라면이 익는 동안 바닥에 털썩 주저앉아 숨을 돌렸어요. 그러다가 시선이 벽에 걸린 달력에 꽂혔습니다.

숨어서 30대 밍모를 지켜보던 밍모와 피니는 생일도 잊고 일하는 모습에 안타까웠어요.

멍하니 달력을 바라보던 30대 밍모는 여러 가지 생각에 복잡한 표정으로 혼잣말을 내뱉기 시작했어요.

🧑 내가 이 일을 시작한 지 벌써 10년이 훨씬 넘었네. 게임을 좋아해서 했던 일들이 이어져서 어쩌다 여기까지 왔어. 하는 일이 잘되는 건 정말 좋긴 한데, 내가 정말 원하는 걸 하고 있는지, 내가 잘하고 있는지 모르겠어. 만약 다른 걸 했다면 지금쯤 어떤 삶을 살고 있을까…? 뭐, 누구나 이런 고민은 있겠지? 자신이 하고 있는 일에 대해 모두가 만족하며 사는 건 아닐 테니까….

🧑 아무래도 안 되겠다. 저런 모습을 보고 가만 있을 수 없지.

듣고 있던 밍모가 더는 못 참겠다는 듯 나서려 하자, 피니가 밍모의 팔을 잡아 *만류했어요.

 나서면 안 돼! 네 얼굴을 알아보면 어쩌려고 그래?

🧑 대충 비슷하게 생긴 거라고 우기지 뭐.

🐥 그, 그런 말에 속을 리가 없잖아….

그때, '드르릉드르릉' 소리가 울렸어요.

🧑 응?

🐥 이 소리는…?

*만류하다 : 붙들고 못 하게 말리다.

어느새 30대 밍모는 바닥에 쪼그려 앉은 채로 코를 골며 잠에 빠져 있었어요.

 배고프면 잠도 안 올 텐데….
 잘됐다! 이 틈에 내가 좀 일을 도와줘야겠어.
그때였습니다.
'크하하하—' 어디선가 익숙한 목소리의 웃음소리가 들려왔습니다.

지쳐서 잠든 사람을 데려가다니 너무하잖아!
밍모는 안쓰러운 마음에 항의했지만, 블랙홀은 이미 사라지고 난 후였어요.

그런데 전망대가 있는 산이 어디지?

전망대 있는 산이라…, 아!

갑자기 밍모는 말을 멈추고, 몸을 움찔했습니다.

왜 그래? 전망대가 위험한 곳이야?

밍모는 후다닥 컵라면이 있는 곳에 자리를 잡았어요.

> 컵라면 냄새는 못 참겠어. 아까우니까 후딱 먹고 출발하면 안 될까?

> 지금 라면이 문제야? 빨리 미래의 너를 구하러 가야지!

 쩝-, 알았어. 그런데 전망대까지 어떻게 가지?

 비니지스맨이 준 선물이 있잖아!

 아, 맞다! 비상구!

그러자 '펑—' 하는 소리와 함께 비상구가 나타났습니다.

 불러주시길 기다렸습니다. 어디로 문을 열어 드릴까요?

 이 근처에서 전망대가 있는 제일 높은 산!

🟢 어딘지 알겠습니다. 가시죠.

밍모와 피니는 비상구가 열어 준 문을 통해 산꼭대기로 오르는 돌계단 아래에 도착했습니다. 계단 끝에 전망대가 보였어요.

이때, 어디선가 '블랙홀'의 목소리가 들려왔습니다.

🕳 잘 찾아왔군. 이번엔 이 계단을 올라야 한다!

👦 보기엔 평범한 돌계단 같은데….

😀 하지만 방해꾼들이 숨어 있겠지.

👦 잠깐만, 이쯤 되면 나타날 때가 됐는데….

두리번거리던 밍모의 말이 끝나자마자 기다렸다는 듯이 파마머리 비지니스맨이 모습을 드러냈습니다.

👨 당연히 눈에 띄지 않으려고 변장한 거지. 어때? 이 정도면 완벽하지 않나?

👦 더 눈에 띄는 것 같은데요….

난 여기 오래 머물 수 없네. 빠르게 알려 줄 테니 잘 들어. 이번에도 세 번의 도움을 요청할 수 있고, 그중 한 번은 원하는 인물로 소환 가능! 그럼 이만!

파마머리 비지니스맨은 빠르게 규칙을 설명한 뒤 바람처럼 사라졌습니다.

 뭐야? 특별히 다른 것도 없잖아?

그때, 가마꾼들이 끄는 가마 하나가 허겁지겁 뒤따라 나타났습니다.

 세 번의 도움 외에 추가로 네가 인물을 소환해 변신할 수 있는 카드를 줄게.

그런데 비서님도 변장하신 거예요?
 물론이지. 이쯤은 해야 블랙홀의 눈을 피할 수 있을 테니까.

> 그럼 이번에도 기대할게!

> 헛둘, 헛둘~!

> 비지니스맨도 비서도 정말 못 알아본다고 생각하는 걸까?

밍모는 고개를 갸우뚱하며 비서가 빠르게 사라지는 모습을 지켜보았어요.

뭐, 그게 중요한 게 아니지. 30대의 나를 구하러 가자!
밍모는 운동화 끈을 고쳐 매며 마음을 다잡았습니다.

타타타탓—

밍모는 말을 마치자마자 전망대로 이어진 돌계단을 빠르게 뛰어 올랐습니다. 약간 미끄럽기는 했지만 밍모에게 그 정도는 아무것도 아니었어요. 하지만 뒤따라오는 피니는 어느새 지쳐서 가쁜 숨을 몰아쉬었습니다.

밍모, 천천히 가…. 계단에 이끼가 껴서 미끌거리는데 밍모는 잘도 올라가네. 이럴 때 방해꾼이라도 나오면….

피니의 걱정이 정확히 맞아떨어진 걸까요?

돌계단을 오르는 밍모 앞에 화려한 복장의 금발 머리 소년이 나타났습니다.

- 피니, 설마 방해꾼은 아닐 거야. 저 순수해 보이는 눈 좀 봐. 우릴 방해할 눈빛이냐고~.
- 겉모습에 속으면 안 돼.

피니는 경계하는 눈빛으로 금발 머리 소년에게 다가가 물었습니다.

- 꼬마야. 혹시 길을 잃은 거야?

그러자 소년은 슬픈 표정으로 고개를 끄덕였습니다.

- 거봐, 길을 잃은 것뿐이잖아. 도와주지 못할망정 왜 의심을 하고 그래?

밍모는 피니에게 살짝 눈을 흘기며 핀잔을 주었습니다.

- 음, 아무래도 수상한데….
- 꼬마야, 그래서 집이 어딘데?

밍모가 무릎을 굽혀 눈높이를 맞추며 묻자 소년은 두 눈을 반짝이며 신나는 표정으로 대답했습니다.

- 난 B-612라는 아주 작은 별에서 왔어.
- 엥? 그럼 외계인? 그럼 우주선을 타고 온 거야? 그럼 다른 사람은? 일행과 떨어진 거야?

이어지는 밍모의 걱정 어린 질문에 소년은 곤란한 듯 또르르 눈동자를 굴리며 시선을 피했어요.

네가 온 곳이 B-612라 했지? 어디서 들어본 것 같기도 한데, 유명한 곳인가?

복장도 특이한데? 이건 마치….

금발 머리 소년은 기다렸다는 듯 어깨를 으쓱이며 자랑하듯 말했습니다.

내 이름은 꼬마가 아냐! '어린 왕자'라고 불러줘!

어린 왕자? 어린 왕자라면, 소설에 나오는 주인공?

역시 내 생각이 맞았어. 평범한 꼬마가 아니잖아! 우릴 방해하려 온 거라고!

피니가 흥분해서 외치자 어린 왕자는 인상을 살짝 찌푸리며 말했습니다.

꼬마가 아니고 어린 왕자라니까. 그리고 난 그냥 궁금한 걸 물어보고 싶은 거라고!

밍모가 타이르듯 다정한 목소리로 물었어요.

그래, 궁금한 게 뭔데? 내가 아는 대로 대답해 줄 테니까 어서 질문해 봐.

있잖아. *바오바브나무는 수명이 얼마나 될까?

책에서 봤어. 평균 3000년 정도라고 하던데.

화산은 왜 뜨거운 거야?

안에 뜨거운 용암이 있기 때문이지.

---

*바오바브나무 : 아프리카 대륙 전역에서 쉽게 볼 수 있으며, 지름 10m 이상의 크기로 자라고, 수명은 1000년 이상으로 알려져 있다. 아프리카 사람들이 신성시하여, 이와 관련된 많은 전설들이 전해진다.

 그럼 생쥐는 왜 이것저것 갉아?

 어디서 읽었는데… 아, 생쥐 앞니가 평생 자라기 때문에 갈아내기 위해서였던 것 같아.

 세상에서 제일가는 잠꾸러기 대장은 누굴까?

 우리 아빠! 아니, 나무늘보! 나무에 매달려서 하루에 20시간이나 잔대.

 손톱은 왜 딱딱해?

 이것도 책에서 봤는데… 손끝을 보호하기 위해서 피부가 단단하게 변한 거래.

질문에 술술 답했던 밍모도 쉬지 않고 쏟아지는 질문에 점차 말문이 막히기 시작했습니다.

 꽃은 왜 시드는 거야?

 그, 그야 물이 없어서…?

 해는 왜 동쪽에서 떠?

 해가 동쪽에서 뜨는 이유는 지구가 *자전을 하기 때문인데, 자전이 뭐냐면… 아, 책에서 읽었는데 설명을 못 하겠네.

 루돌프 사슴코는 왜 코가 빨간색일까?

 그건 나도 잘….

　　대답을 해도, 하지 못해도 어린 왕자의 질문은 끝나지 않았습니다. 어린 왕자의 질문 공세에 밍모도 결국 지쳐 버렸어요.

역시 방해꾼이었어!
이런 식으로 계속 난처한
질문을 던져서
우리 발목을
잡아두려는
거라니까!

으으, 도대체 언제까지 질문할 거야? 난 여기까지가 한계라고….

***지구의 자전** : 남극과 북극을 지나는 선을 축으로 하루(24시간)에 반시계 방향으로 시간당 15도씩, 하루에 한 바퀴를 회전하는 현상이다.

밍모도 이젠 피니의 말을 인정할 수밖에 없었어요.

저기, 미안한데 질문은 여기까지만 하면 안 될까? 내가 지금 좀 바빠서 가 봐야 하….

그러자 어린 왕자는 잔뜩 실망한 얼굴로 투덜댔습니다.

흥, 형도 다른 사람들과 똑같아. 무엇이든 대답해 주겠다고 약속해 놓고, 이제 내가 귀찮아진 거지?

그, 그게 아니라….

밍모가 난처한 얼굴로 머뭇거리자 어린 왕자는 기회를 놓치지 않고 몰아붙였어요.

더 이상 우리가 할 수 있는 일은 없어. 도움을 청해 보자.

 그래. 여러 분야에 상식이 많은 사람이 필요해.

난처한 질문부터 어려운 질문까지 모두 답해 줄 사람이면 좋겠는데….

밍모는 여느 때보다 간절한 마음을 담아 외쳤습니다.

 도와줘요!

그러자 '펑―' 하고 친절한 미소에 전화기를 든 인물이 나타났습니다.

저 소년의 질문을 해결해 주세요.

밍모의 부탁에 상담사는 자신 있다는 표정으로 씨익 웃어 보였습니다.

훗, 걱정 마세요. 이 세상에 내가 해결 못 하는 고민은 없으니까요.

이어 어린 왕자에게 물었습니다.

자, 궁금한 게 무엇인가요?

난 모자인 줄 알았어.

나도….

> 이 상자엔 양이 들어 있을까요?

> 그럼요, 정말 예쁜 양이 들어 있을 거예요.

 와! 대단하다!

 역시 상담사야!

상담사가 척척 대답을 하자 어린 왕자는 조금씩 풀이 죽기 시작했어요.

 그럼… 내가 만난 여우는 날 생각할까요?

 물론이죠. 당신이 여우를 생각하는 만큼 여우도 당신을 생각할 거예요.

 내가 살던 별의 장미꽃은 내게 쌀쌀맞게 굴어요. 어쩌면 좋죠?

 겉으론 그래도 속마음은 따뜻하답니다. 아마 지금쯤 당신이 돌아오길 기다리고 있을 걸요?

상담사의 명쾌한 대답에 진실을 깨닫게 된 어린 왕자는 감격의 눈물을 터뜨리며 자기 별로 돌아갔습니다.

 상담사님, 정말 대단하세요!

 제멋대로인 왕자를 돌려보내다니…!

 이 정도는 기본이지요. 더 이상 질문이 없으면 저는 바빠서 이만~!

상담을 마친 상담사는 다음 상담 약속이 있다며 서둘러 그 자리를 떠났습니다.

 어린 왕자 때문에 시간이 너무 *지체됐어! 어서 서두르자!

 그래, 늦기 전에 30대의 나를 구해야 해!

*지체되다 : 때가 늦추어지거나 질질 끌어지다.

밍모와 피니는 시간이 늦은 만큼 성큼성큼 빠르게 올라가기 시작했어요. 하지만 전망대를 향한 돌계단은 생각했던 것보다 훨씬 더 길었습니다. 시간이 흐르자 계단 오르기에 자신 있던 밍모도 조금씩 힘이 빠지며, 속도가 떨어지기 시작했지요.

으으, 가도 가도 끝이 없잖아. 예전에 왔을 때는 케이블카를 타고 올라가서 이렇게 높은 줄 몰랐는데….

지금 이건 블랙홀이 만들어 낸 공간이라 실제 계단보다 훨씬 길 거야.

아아….

근데 전망대에 온 적이 있다고?

응, 얼마 전 내 생일에 부모님이랑 같이 왔었어. 케이블카 타고 아주 편하게 올라갔지.

그랬구나. 재미있었어?

그게…, 사실은….

잠시 주저하던 밍모가 뭔가 말하려고 할 때였어요. 하늘에서 팔랑팔랑 날아오는 것이 보였죠.

어? 저게 뭐지?

발밑을 내려다보니 계단에도 뭔가가 떨어져 있었습니다.

이, 이건…!

그건 다름 아닌 지폐였습니다.

우아! 게임기를 30개 사서 우리 반 친구들에게 하나씩 나눠 줄 수 있겠다! 그것뿐 아니라, 아빠에게 새 차도 사 드리고, 엄마랑 세계 여행도…!

정신 차려! 이건 틀림없이 우릴 방해하는 함정이야!

그, 그렇지! 정신을 놓으면 안 돼!

밍모는 자기 뺨을 '톡톡—' 두드리며 집중하려 애썼습니다.

두 번째 방해꾼이 나타난 것 같은데, 도대체 누가 이렇게 많은 돈을…?

그러자 멀리서 돈다발을 뿌리고 있는 남자의 모습이 보였습니다.

저길 좀 봐! 순식간에 지폐가 수북이 쌓여서 계단이 잘 보이지 않아!

그런데 문제는 그게 전부가 아니었습니다. '와아—'하는 함성과 함께 어디서 나왔는지 사방에서 사람들이 몰려오기 시작한 거예요. 바닥에 떨어진 지폐를 주우려는 사람들로 인해 순식간에 계단은 꽉 막히고 주위가 온통 아수라장으로 변했습니다.

이렇게 되면 우리가 앞으로 나아갈 수가 없잖아…! 이제 어떡하지?

진짜 계획은 이거였군! 사람들을 불러와 우리 앞길을 막는 거야!

어때? 길이 꽉 막혀 꼼짝도 못 하겠지? 아마 한 걸음도 올라가기 힘들걸?

어떡해…. 뚫고 나갈 방법이 없어.

아냐, 포기할 순 없어. 분명 방법이 있을 거야. 생각을 하자, 생각을….

그때 밍모의 머릿속에 기발한 생각이 떠올랐어요.

그래, 그거야! 세 번 중 한 번은 내 마음대로 소환할 수 있잖아!

누구를 부르려고?

밍모는 비장한 표정으로 외쳤습니다.

밍모는 소방관의 귀에 대고 무언가를 속삭였습니다. 그러자 소방관도 고개를 알아들었다는 듯 끄덕였어요.

흠, 알겠어.

소방관은 소방차로 다가가 사이렌을 '웽웽' 울리며 사람들을 향해 큰 소리로 외쳤습니다.

화재가 발생했습니다! 당장 대피하지 않으면 모두 위험합니다!

그러자 떨어진 돈을 줍던 사람들이 웅성대기 시작했어요.

뭐? 불이 났다고? 어디서?

지금 돈이 문제가 아니야, 여길 벗어나야 해!

화재가 발생했습니다! 당장 대피하세요! 어서요!

집에 갈래! 엄마, 아빠…!

사람들은 줍고 있던 돈다발을 내팽개치며 '우르르—' 떠나기 시작했습니다.

 급할수록 질서를 지켜야 합니다!

생명의 골든타임을 위협하는 **장난 전화, 절대 해선 안 돼요!**

화재가 발생하거나 생명이 위급한 경우에 찾는 119 상황실에 거짓 신고를 할 경우, 소방대원과 소방차가 현장에 출동하기 때문에 많은 인력과 시간이 낭비됩니다.

사람들이 떠나고 있어!

 거봐, 내 작전이 확실하지?

![좌라라락]

사람들이 떠난 자리에는 버려진 지폐가 마치 봄날의 벚꽃처럼 휘날렸습니다. 계획이 실패로 돌아가자 억만장자는 분한 마음에 부들부들 떨었지요.

 크으, 말도 안 돼! 돈을 외면하다니!

밍모가 억만장자를 바라보며 말했습니다.

 돈이면 다 해결될 줄 아셨겠지만, 세상엔 돈보다 소중한 게 많다고요.

돈도 날리고, 체면도 날려버린 억만장자는 머리를 부여잡고 '으아아—' 괴성을 지르며 어디론가 사라졌습니다.

🧒 자, 이제 마지막 *한고비만 넘으면 되는 거지?

밍모는 얼마 남지 않은 돌계단의 끝을 향해 한 걸음 한 걸음 내딛었습니다. 그러나 피니는 계단 끝이 다가올수록 주위를 두리번거리며 불안한 표정을 감추지 못했습니다.

 아직 방해꾼이 한 명 남았는데….

피니의 예상대로 마지막 돌계단 위에 앞을 막고 서 있는 누군가의 모습이 보였습니다.

🧒 어?

나타났다!

*한고비 : 어떤 과정에서 가장 중요하거나 어려울 때.

 누구지?

피니는 한껏 긴장된 목소리로 답했어요.

강호의 최고 고수라고 불리는 떠돌이 검객이야!

검객은 팔짱을 끼고 두 눈을 지그시 감은 채 위엄 있고 낮은 목소리로 자신을 소개했어요.

> 나는 바람 따라 구름 따라 여기저기 떠도는 검객이다.

> 누구와 싸울 생각도, 누구를 해칠 생각도 없다.

그런데 왜 제 앞길을 가로막고 계신 거죠?

오늘 내가 맡은 일이 이 계단의 마지막 한 칸을 지키는 일이기 때문이지. 그러니 조용히 돌아가 주길 바란다.

그럴 수 없다면요?

밍모가 단호하게 말하자 검객은 날카로운 눈빛을 빛냈습니다.

용기는 마음에 드는군. 하지만 겁 없이 덤볐다간 쓴맛을 보게 될 것이다. 다시 한 번 경고하는데 이쯤에서 물러나는 게 좋을 거야.

검객의 몸에서 뿜어져 나오는 강한 기운만으로도 온몸이 떨릴 정도였습니다. 잠시 생각에 잠긴 밍모는 무언가 결심한 듯 *결연한 표정으로 피니를 바라보았어요.

하지만 끝이 보이는데 여기서 포기할 수는 없지. 그리고 상대가 강력해 보이니까 내가 직접 도전해 보고 싶은 마음이 생기는걸?

뭐? 지금 제정신이야? 네가 직접 검객을 상대하겠다고? 그건 절대 안 돼!

훗, 걱정 마. 나도 계란으로 바위를 칠 생각은 없으니까.

도대체 뭘 어쩌려고…?

그러자 밍모는 비서가 준 '변신' 카드를 꺼내 보이며 씨익 웃었습니다.

이게 있잖아! 이 변신 카드를 준 것은 불리한 상황을 뒤바꿀 기회를 주기 위해서일 거라고 생각해. 지금이 바로 그때야!

*결연하다 : 마음가짐이나 행동에 있어 태도가 움직일 수 없을 만큼 확고하다.

검객에 맞서 싸우려면 비슷한 게 좋겠지?

피니가 말릴 틈도 없이 밍모는 '변신' 카드를 들고 크게 외쳤습니다.

아무리 생각해도 이건 무모한 짓이야….

피니는 밍모 걱정에 낯빛이 어두워졌어요.

도전하겠습니다! 내가 이기면 깨끗이 물러나는 겁니다!

밍모가 당당하게 도전하자 아무 말 없이 밍모의 얼굴을 지그시 바라보았어요. 잠시 후 차분하지만 묵직한 목소리가 울렸습니다.

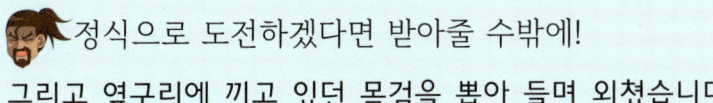정식으로 도전하겠다면 받아줄 수밖에!

그리고 옆구리에 끼고 있던 목검을 뽑아 들며 외쳤습니다.

상대가 나무로 된 목검이니 나도 똑같은 걸로 상대하지.

난 비겁한 건 질색이니까!

순간 당황한 건 밍모였습니다.

조금 다가가기만 했는데 고수의 기운이 느껴진다. 혹시 내가 *잠자는 사자의 코털을 건드린 건…!

*잠자는 사자의 코털을 건드리다 : 괜히 건드려서 문제를 일으키는 경우를 이르는 말.

하지만 뒤늦게 후회해 봤자 소용이 없었죠. 검객은 눈 깜짝할 사이에 번개처럼 달려들어 폭풍 같은 공격을 퍼부었습니다.

밍모는 있는 힘을 다했지만, 겨우 몇 번 막아 냈을 뿐, 최고의 고수인 검객의 상대가 되지 않았어요.

검객의 검을 받아내는 것만으로도 온 힘이 빠져나갈 만큼 힘든 대결이 이어졌어요. 검객의 검은 점점 빨라져 밍모의 숨이 턱까지 차올랐습니다.

 밍모의 힘이 빠지는 찰나, 검객은 순식간에 밍모의 목검을 힘껏 후려쳤고, 밍모의 목검은 멀찌감치 날아가버렸어요.

무기를 잃고 빈손이 돼 버린 밍모는 후회가 몰려왔어요.

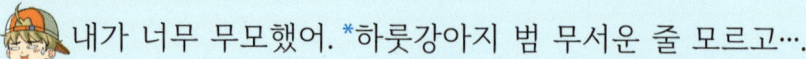 내가 너무 무모했어. *하룻강아지 범 무서운 줄 모르고….

결국 밍모는 털썩 무릎을 꿇고 말았습니다. 동시에 변신도 스르르 풀려버렸죠.

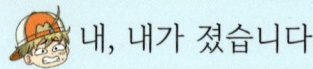 내, 내가 졌습니다.

밍모가 자신의 패배를 깨끗이 인정하자 검객도 더는 공격할 생각이 없는 듯 겨누고 있던 목검을 거두며 말했습니다.

처음치곤 잘 싸웠다. 충분히 소질은 있어. 여기까지만 하지.

피니가 주저앉은 밍모에게 다가와 위로를 건넸습니다.

처음부터 상대가 안 되는 대결이었어. 아쉽지만 30대의 밍모를 구하는 건 어려울 것 같아. 다른 방법을 찾아보자!

그러나 밍모는 포기하지 않았습니다. 주춤주춤 자리에서 일어나며 나직이 중얼거렸습니다.

천만에… 비록 검객과의 승부에선 졌지만 계속 나아가야 해! 왜냐하면 나는 나를 구해야 하니까….

굽히지 않는 밍모 때문에 피니의 얼굴은 한층 어두워졌어요.

어쩌려는 거야? 실력으로 검객을 이긴다는 건 불가능해! 블랙홀에게 부탁해 보는 건 어떨까? 아니면, 비지니스맨? 비지니스맨은 네가 돌아가서 게임을 계속하길 바랄 테니, 아마 발 벗고 도와줄 거야.

---

*하룻강아지 범 무서운 줄 모른다 : 태어난 지 얼마 안 된 강아지가 호랑이가 무서운 줄 모르고 짖어댄다는 뜻으로 경험이 없는 사람이 철없이 덤비는 경우를 이르는 말.

피니, 진정해! 내 마음대로 소환할 수 있는 기회와 추가로 주신 변신 카드까지 써 버렸지만, 우리에겐 아직 한 번의 기회가 남았잖아. 그걸 잘 이용하면 우리가 이길 수도 있어! 끝날 때까진 끝난 게 아니라고.

누가 나올지 어떻게 알아? 게다가 검객을 상대할 만한 인물이 있을까? 혹시 검투사나 소드마스터 정도면….

두웅!

일단 누가 나오든 맞서 주길 기대해 봐야지.

밍모는 큰 소리로 외쳤어요!

도와줘!

그러자 '살랑—' 하고 뭔가가 나타났습니다.

응?

> 헉! 이건 최악의 결과잖아!

팔랑 팔랑

소환된 인물은 지나가는 실바람에도 흔들리는 종이 인간이었습니다. 그를 본 검객도 어이없다는 듯 크게 웃었습니다.

> 하하하! 이렇게 웃어 보긴 오랜만이군. 쇠나 돌도 아니고 종이로 된 인간을 불러내다니, 운이 없군. 종이 인간 수만 명이 덤벼 봤자, 단칼에 조각날 텐데~.

> 안타깝지만 이건 불을 보듯 뻔해….

 종이 인간은 살랑살랑 바람에 흔들리며 검객에게 다가갔습니다. 검객은 몹시 불쾌한 표정으로 검을 뽑아 들고 소리쳤습니다.

 날 무시해도 정도가 있지! 기어코 도전하겠다고? 보기 좋게 한 번에 끝내 주겠다!

 검객은 군더더기 없는 날렵한 동작으로 검을 휘둘렀습니다.

 휘익—

단번에 두 조각이 날 줄 알았던 종이 인간이 '살랑—' 하고 검객의 칼을 피한 거예요. 아니, 정확히 말하면 검객의 칼로는 작은 바람에도 팔랑거리는 종이 인간을 벨 수 없었던 거죠.

약이 오른 검객은 쉬지 않고 칼을 휘둘렀고 그때마다 종이 인간은 칼바람에 팔랑팔랑 휘날리기만 할 뿐이었습니다.

한편으론 우습고, 다른 한편으론 신기한 광경이었습니다.

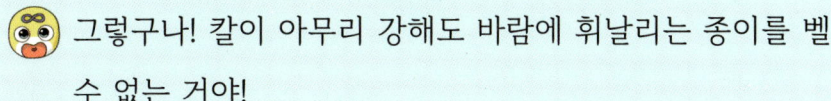 그렇구나! 칼이 아무리 강해도 바람에 휘날리는 종이를 벨 수 없는 거야!

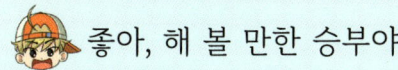 좋아, 해 볼 만한 승부야!

이익!

지금까지 갈고 닦은 검술 따위는 종이 인간 앞에 아무런 소용이 없었습니다. 검객은 칼을 휘두르면 휘두를수록 점점 지쳐갔어요.

쨍강—

마침내 힘이 빠진 검객은 자신의 손에서 칼을 바닥에 떨어뜨리고 말았습니다.

그러고는 '풀썩—' 그 자리에 주저앉았습니다.

검객은 힘겹게 일어나 떨어진 칼을 주워 들고 이곳을 떠나며 이런 말을 남겼습니다.

🗡 비록 졌지만 나는 중요한 사실 하나를 배웠다. 강하기만 해서는 부드러움을 이길 수 없다는 것을….

🧒 야호, 이겼다! 검객이 사라졌어!

👦 종이 인간이 이기다니, 정말 놀라워!

종이 인간도 밍모와 피니에게 살랑살랑 손을 흔들며 사라졌습니다.

드디어 밍모와 피니는 세 명의 방해꾼을 모두 물리치고 마지막 돌계단에 올랐습니다. 그곳에는 높이 솟은 전망대가 있었고, 그 앞에 펼쳐진 커다란 광장 한가운데 투명한 막에 갇힌 채 쪼그려 잠들어 있는 30대 밍모가 보였어요.

정말 피곤했나 보네. 아직도 자고 있잖아?

 차라리 잘됐지, 뭐. 잠든 사이에 우리가 해결하면 돼!

밍모와 피니는 30대의 밍모 가까이 조심조심 다가갔습니다, 30대의 밍모는 뭔가 재미있는 꿈을 꾸는 듯 잠꼬대를 하고 있었습니다.

어서 이 막을 없애고 30대 밍모를 구해야 여기서 벗어날 수 있어!

이제 나와 연관된 물건을 찾아야 하는데….

맞다! 너 여기 한번 왔었다고 했지? 그때 기억에 남는 일은 없었어?

말없이 주변을 둘러보던 밍모와 피니의 시야에 들어오는 것이 하나 있었습니다.

그건 광장 벽에 잔뜩 걸려 있는 자물쇠였습니다.

이곳에 찾아온 사람들이 친구나 연인, 가족에게 전하는 소원을 적어서 걸어 둔 자물쇠였죠. 피니에겐 그 광경이 꽤나 신기하게 보였어요.

 사람들은 부끄러움이 많은 것 같아. 가까운 사람에게 하고 싶은 말을 직접 전하지 못하고 이런 식으로 남겨 두는 걸 보면….

밍모는 자물쇠에 다가가 적혀 있는 글을 하나씩 읽어 보며 미소를 지었습니다.

'엄마 아빠 태블릿 사 주세요!'

'아들, 샤워 좀 자주 하자!'

'어머니 병을 낫게 해주세요!'

'우리 아가 얼른 걸음마 하자!'

'내년엔 꼭 합격하길~!'

'할아버지 할머니 오래오래 사세요~!'

 재밌는 소원도 많네.

 그만 보고 어서 물건이나 찾아봐.

그때 밍모의 눈에 띄는 것이 있었어요.

수많은 자물쇠 사이에 특이하게 색끈이 묶어져 있는 열쇠가 있었던 거예요.

그리고 거기엔 이런 글이 쓰여 있었습니다.

'길이 보이지 않을 땐 새로운 세계로 나가는 문을 찾아라!'

이거….

밍모는 마치 마법에 이끌리듯 천천히 손을 뻗어 그 열쇠를 쥐었습니다.

그러자 열쇠에서 환상적인 푸른빛이 쏟아져 나왔습니다.

미션 4 망모의 직업 소환 II

❶ 소방관

어떤 일을 하나요?
불이 났을 때 화재를 진압하고, 다친 사람을 빠르게 병원으로 이송합니다. 국민의 생명과 재산을 화재와 자연재해로부터 보호합니다.

어울리는 직업

응급구조사 각종 사고로 발생하는 응급 환자를 구조해요.

재난관리전문가 재난이 발생하면 효과적으로 대응해요.

안전관리사 현장에서 안전을 관리, 감독해요.

직업 성격 유형 — 현실형(R)

구체적이고 체계적이며 몸으로 부딪혀 문제를 해결하는 유형

- 성실함
- 체력
- 질서정연
- 원칙주의
- 성취감
- 현실적
- 지구력
- 신중함

나에게 맞는 직업일까?
☑ 나와 가까운 항목을 체크해 보아요.

- ☐ 체육 과목을 좋아해요.
- ☐ 남을 속이는 것을 싫어하고 솔직해요.
- ☐ 동물이나 식물 기르는 것을 좋아해요.
- ☐ 야외 활동을 좋아해요.
- ☐ 물건을 고치고 만드는 것을 좋아해요.
- ☐ 자동차, 로봇, 기계 등에 관심이 많아요.

4개 이상이면 **현장형 직업**과 가까워져요.

❷ 상담전문가

어떤 일을 하나요?
성격, 적성, 진로 등 개인의 형편이나 심리적인 상태에 대해 상담합니다. 심리 검사 등을 통해 문제의 원인을 파악하고 앞으로 나아질 수 있는 방법을 제시해 줍니다.

어울리는 직업

위클래스 상담교사 학교에서 학생들의 어려움을 상담해 주어요.

사회복지사 사회적 약자의 문제 해결을 돕고, 지원해요.

심리치료사 심리 검사와 상담을 통해 문제의 해결을 도와줘요.

직업 성격 유형 사회형(S)
다른 사람을 가르치거나 돌보거나 치유하고 돕는 일을 좋아하는 유형

- 상냥함
- 이타적
- 인내력
- 사교적
- 높은 공감력
- 협조적
- 긍정적
- 헌신적

나에게 맞는 직업일까?
나와 가까운 항목을 체크해 보아요.

- ☐ 친구의 감정을 잘 이해해 줘요.
- ☐ 선생님이나 친구를 돕는 일이 좋아요.
- ☐ 친구들과 어울리는 시간이 더 즐거워요.
- ☐ 다른 사람의 부탁을 잘 거절하지 못해요.
- ☐ 어려움에 처한 친구를 그냥 지나치지 못해요.
- ☐ 봉사활동을 한 경험이 많아요.

4개 이상이면 **사회형 직업**과 가까워져요.

미션 4 망모의 직업 소환 Ⅱ

③ 자산관리사

어떤 일을 하나요?

고객이 최대한의 투자 수익을 올릴 수 있도록 전략을 짜거나 정보를 제공하고 고객이 맡긴 돈을 직접 운영하는 일을 담당합니다.

어울리는 직업

세무사 세금에 관련된 조언과 세무 서류를 작성해요.

회계사 고객의 수입과 지출에 대해 상담해요.

투자분석사 금융 시장 정보를 수집, 분석해요.

직업 성격 유형 관습형(C)

자료를 정리하는 등의 체계적이고 조직적인 일을 좋아하는 유형

- 꼼꼼함
- 계획성
- 정확함
- 계산력
- 조심성
- 양심적
- 책임감
- 정리력

나에게 맞는 직업일까?
✓ 나와 가까운 항목을 체크해 보아요.

- ☐ 꼼꼼하게 정리하는 것을 좋아해요.
- ☐ 수학 과목을 좋아해요.
- ☐ 자신감 있게 발표할 수 있어요.
- ☐ 종류별로 분리하는 것을 좋아해요.
- ☐ 논리적으로 생각하고 토론하는 것을 좋아해요.
- ☐ 어려운 문제를 해결하는 것을 좋아해요.

4개 이상이면 **관습형 직업**과 가까워져요.

❹ 양궁선수

어떤 일을 하나요?

양궁은 일정한 거리 밖에 있는 과녁이나 표적을 겨냥하여 활을 이용, 화살로 쏘아 맞히는 경기예요. 오늘날 국제 무대에서 우리나라 선수들이 활약하고 있어요.

어울리는 직업

사격선수 총으로 일정한 거리의 표적을 맞혀 정확도로 점수를 얻어요.

검도선수 상대방을 죽도로 먼저 타격해 점수를 얻어요.

펜싱선수 상대방을 검으로 찌르기 공격하여 득점해요.

직업 성격 유형 현실형(R)

구체적이고 체계적이며 몸으로 부딪혀 문제를 해결하는 유형

- 성실함
- 체력
- 질서정연
- 원칙주의
- 성취감
- 끈기
- 손재능
- 신중함

나에게 맞는 직업일까?

☑ 나와 가까운 항목을 체크해 보아요.

- ☐ 직접 몸을 움직이는 활동을 좋아해요.
- ☐ 신체적으로 균형 감각이 좋아요.
- ☐ 정해진 규칙에 따르는 것에 안정감을 느껴요.
- ☐ 솔직하며 말수가 적은 편이에요.
- ☐ 한가지를 끈기 있게 해내는 것을 좋아해요.
- ☐ 성실하다는 칭찬을 많이 받아요.

4개 이상이면 **현실형 직업**과 가까워져요.

직업 소환 미션 성공! 다음 미션으로 고고!

미션 5
세상에서 가장 강한 힘

열쇠에서 뿜어져 나온 푸른빛은 근처에 잠들어 있던 30대 밍모의 몸을 환하게 비췄어요. 그러자 점점 젊어지더니 20대의 모습으로 바뀌어 갔습니다. 이어서 푸른빛은 밍모와 피니의 몸을 감쌌어요.

어디선가 블랙홀의 목소리가 들려왔습니다.

🪐 제법이군. 이제 세 번째 장소로 가게 될 거야. 처음에 말한 대로 마지막 미션까지 모두 해결해야 원래 있던 곳으로 돌아갈 수 있다.

푸른빛에 휘감긴 밍모의 몸이 흔들리면서 정신이 아찔해졌어요.

잠시 후 눈을 떠 보니 낯선 장소에 와 있었습니다. 주위를 둘러보니 여행 가방을 든 사람들이 바쁘게 오가는 모습이 보였어요.

> 웅성 웅성
>
> 비행기가 연착되어서 너무 늦었어!
>
> 저 공항버스를 꼭 타야 해!

 여기는 어디야?

 알겠다, 공항이야! 그리고 저기…!

밍모는 멀찌감치 서 있는 20대 나이의 자신을 발견했습니다. 어딘가로 떠나려는 듯 어깨에 커다란 배낭을 메고 있었어요.

 이젠 확실히 누군지 알아보겠네.

 저 모습이 20대의 나….

그런데 어딜 가려는 거지? 여행? 아니면 해외 유학?

 들키지 않게 가까이 가 보자.

밍모와 피니는 20대 밍모 곁에 살금살금 다가가 기둥 뒤에 숨었습니다. 그러자 긴장된 표정의 목소리가 들렸습니다.

> 하아, 오랫동안 아르바이트 해서 모은 돈으로 떠나는 첫 해외여행이라니…,

> 혼자 가려니 좀 떨리네.

> 아하, 해외 배낭여행을 가나 봐?

> 좋겠다~.

듣고 있던 밍모와 피니가 소곤댔습니다.

 해외여행이라니, 좋겠다.

 미래엔 너도 갈 건데 뭐~.

그때 출국 게이트를 향해 바삐 걸어가던 스튜어디스 복장의 젊은 여성이 20대의 밍모를 발견하곤 '또각또각' 구두 소리를 내며 다가왔습니다.

- 그래, 맞아. 기억하는구나?
  확실히 생각났어. 너, 꿈이 스튜어디스라더니 정말 됐구나?
- 후후, 그런 셈이지. 너는…?
- 아, 나, 나는… 아직 뭐랄까… 아직 찾는 중…?
- 그래, 그것도 좋지.
- 어쨌든 부럽다. 꿈을 이뤘다니….

좀 더 얘기하고 싶지만 비행시간이 다 돼서 가 봐야 해. 만나서 반가웠어. 나중에 동창회에서 보자.

 그래, 나도 반가웠어!

동창생이 바쁜 걸음으로 멀어지자 그 자리에 홀로 남은 20대의 밍모는 씁쓸한 표정으로 생각에 잠겼어요.

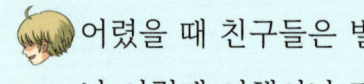 어렸을 때 친구들은 벌써 대부분 자기 길을 찾아가는데… 난 이렇게 여행이나 다녀도 괜찮은 걸까?

지켜보던 밍모는 20대 밍모의 마음을 알 것 같아 안타까웠어요. 가서 위로해 주고 싶은 생각이 *굴뚝같았죠.

 무슨 말이라도 해 주고 싶은데….

 괜히 마주치면 복잡해지는 거 알지?

*미동도 없이 서 있던 20대의 밍모는 퍼뜩 정신을 차린 듯 시계를 확인했어요.

 앗! 언제 시간이…! 그런데 출국 심사장이 어디더라?

허둥대며 주위를 두리번거리던 밍모는 한 방향으로 뛰기 시작했어요.

 우리도 따라가자!

 하지만 우린 비행기 티켓도, 여권도 없는걸?

---

*굴뚝같다 : 바라거나 그리워하는 마음이 몹시 간절하다.
*미동 : 약간의 움직임.

이러지도 저러지도 못하는 순간, 갑자기 주변이 '휘익—' 하고 바뀌더니 어느새 둘은 하늘을 나는 비행기 안에 있었어요.

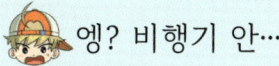 엥? 비행기 안…?

🐥 그런데 뭔가 이상해! 우리밖에 없어!

어리둥절해하며 주변을 살피는 밍모와 피니 곁으로 비행기의 기장이 다가왔습니다. 하지만 자세히 보니 그건 블랙홀이 위장한 것이었어요.

그런데 어쩌지? 이제 곧 이 비행기는 *난기류를 만나 추락할 예정이거든.

 흐익! 추, 추락?

그와 동시에 비행기가 심하게 흔들리며 빠른 속도로 하강하기 시작했습니다.

 으아아아~!

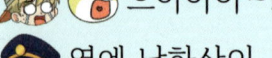 옆에 낙하산이 보이지? 살고 싶으면 낙하산을 착용해라!

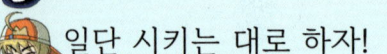 일단 시키는 대로 하자!

밍모와 피니가 급하게 낙하산을 착용하자 블랙홀 기장은 당연한 듯이 비행기의 비상문을 벌컥 열었습니다.

쉬이익—

모든 걸 날려버릴 정도의 강한 바람이 안으로 몰려 들어왔습니다. 갑작스런 바람에 밍모와 피니는 황급히 의자를 붙잡았어요.

그러자 블랙홀 기장이 큰 소리로 외쳤습니다.

 뛰어내려!

밍모는 의자를 꽉 붙잡은 채 살짝 아래를 내려다보았습니다.

저 아래에는 파란 바다가 끝없이 펼쳐져 있었어요.

 으으…. 저 바다에 빠지고 나면, 그 다음엔…?

---

*난기류 : 방향과 속도가 불규칙하게 바뀌면서 흐르는 기류. 비행 중인 비행기에 동요나 충격을 줄 수 있다.

밍모는 겁에 질려 온몸이 덜덜 떨렸습니다. 고개를 돌리니 의자를 꼭 붙든 채 밍모를 바라보는 피니와 눈이 마주쳤어요. 그러자 피니는 밍모를 따르겠다는 듯 고개를 끄덕였지요. 잠시 피니를 바라보던 밍모는 이내 결심한 듯 이를 꽉 깨물고 외쳤습니다.

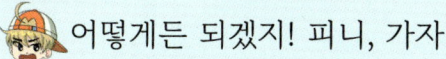 어떻게든 되겠지! 피니, 가자!

그리고 두 눈을 꼭 감은 채 훌쩍 뛰어내렸습니다. 피니가 그 뒤를 따랐지요.

으아아! 떨어진다~!

슈아아아

그런데 바다에 상어라도 있으면 어떡해?

한참을 아래로 추락하다 '화라락―' 낙하산이 펼쳐지자 속도가 점점 줄어들기 시작했습니다. 그제야 시야가 밝아지며 아래쪽에 작은 섬이 보였어요.

어? 섬이다!

휘오오―

잠시 후 밍모와 피니는 작은 섬의 바닷가 모래 위에 '푹―'하고 정확히 내려섰습니다.

그러자 또 다시 블랙홀의 음성이 들려왔습니다.

후후후, 거기가 바로 마지막 미션 장소다! 고개를 들어 하늘을 봐라!

응?

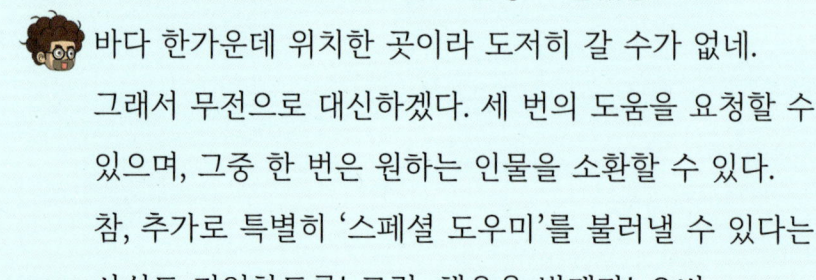

그때 모래사장으로 낡은 무전기 한 대가 파도에 떠밀려 왔습니다. 그리고 거기서 익숙한 비지니스맨의 음성이 들렸습니다.

🧑 바다 한가운데 위치한 곳이라 도저히 갈 수가 없네. 그래서 무전으로 대신하겠다. 세 번의 도움을 요청할 수 있으며, 그중 한 번은 원하는 인물을 소환할 수 있다. 참, 추가로 특별히 '스페셜 도우미'를 불러낼 수 있다는 사실도 기억하도록! 그럼, 행운을 빌겠다! 오버.

🐥 스페셜 도우미?

🧒 당장 도전을 시작해 볼까?

공중 섬으로 이어진 무한의 계단은 어느 때보다 폭이 좁고 경사가 가팔랐습니다. 그러나 밍모에겐 문제가 되지 않았죠.

밍모는 서둘러 20대의 자신을 구해야겠다는 생각에 쉬지 않고 빠르게 계단을 뛰어올랐습니다.

이런 속도면 금세 공중 섬에 도착하겠는데?

하지만 이쯤 되면 뭔가가….

피니의 예감은 정확히 들어맞았습니다. 계단 앞쪽에 첫 번째 방해꾼인 미식축구선수가 나타난 겁니다.

으으, 저 어깨 좀 봐! 괜한 소리가 아닌 것 같아!

 일단 도움을 요청해 보자!

도와줘~!

그러자 '펑—' 하고 오뚝이가 나타났습니다.

🧒 헤헷, 저는 아이들이 좋아하는 오뚝이입니다.

피니는 실망한 표정으로 한숨을 내쉬었죠.

🧒 아, 지금 오뚝이가 왜 나와….

그저 귀여운 장난감일 뿐이잖아.

오뚝이가 몸을 좌우로 흔들거리며 다가가자 미식축구선수는 잔뜩 화가 난 표정으로 소리쳤습니다.

🏈 고작 상대가 오뚝이라고? 날 무시하는 거냐?

그러고는 '쾅—' 하고 있는 힘껏 오뚝이를 밀었습니다.

그 충격에 '비틀'하고 쓰러질 것 같았던 오뚝이는 '흔들흔들' 다시 일어섰습니다.

🧒 헤헷! 전 쉽게 넘어지지 않는답니다.

🏈 뭐얏?

생글생글 웃는 오뚝이의 모습에 약이 바짝 오른 미식축구선수는 더 힘껏 오뚝이를 밀어냈지요. 그러자 오뚝이는 크게 몇 번 흔들렸지만, 결국 다시 중심을 잡았습니다.

    화가 머리끝까지 난 미식축구선수는 몇 번이나 반복해서 오뚝이를 밀어냈습니다. 하지만 오뚝이는 잠시 중심을 잃고 흔들리기만 할 뿐, 아무렇지도 않게 일어서기를 반복했습니다.

    🏈 헉, 헉, 헉….

오히려 힘을 쓸수록 지쳐가는 건 미식축구선수였어요. 마침내 힘이 빠진 미식축구선수는 '털썩' 주저앉으며 패배를 인정했습니다.

    🏈 내가 졌다. 저렇게 약해 보이는 존재에 무릎 꿇다니….

세상엔 아무리 힘이 세도 넘어뜨릴 수 없는 게 있었군.

미식축구선수는 허탈해하며 '스르륵―' 사라져 버렸습니다.

와아! 오뚝이가 이겼다!

대단하다! 처음에 실망해서 미안했어!

도움이 되었다니 다행이네요. 그럼 저는 이만~!

오뚝이는 싱긋 웃더니 몸을 앞뒤로 흔들거리며 사라졌어요.

 우리도 어서 서두르자!

밍모는 다시 계단을 뛰어오르기 시작했어요.

그렇게 또 한참을 오르자 두 번째 방해꾼 늑대소녀가 앞을 막아섰습니다.

으르렁! 날 얕보면 큰코다칠 줄 알아!

탓!

으아앗!

늑대소녀의 위협에 피니는 바짝 얼어버렸어요.

성격이 사나워 보여…!
이번에는 이 인물이 필요하겠어!

조련사 도와줘~!

밍모가 큰 소리로 외쳤어요.
그러자 '펑—' 하고 나타난 조련사가 자신만만한 얼굴로 말했어요.

이 세상에 내가 길들이지 못하는 생명은 없다!

뭐얏?

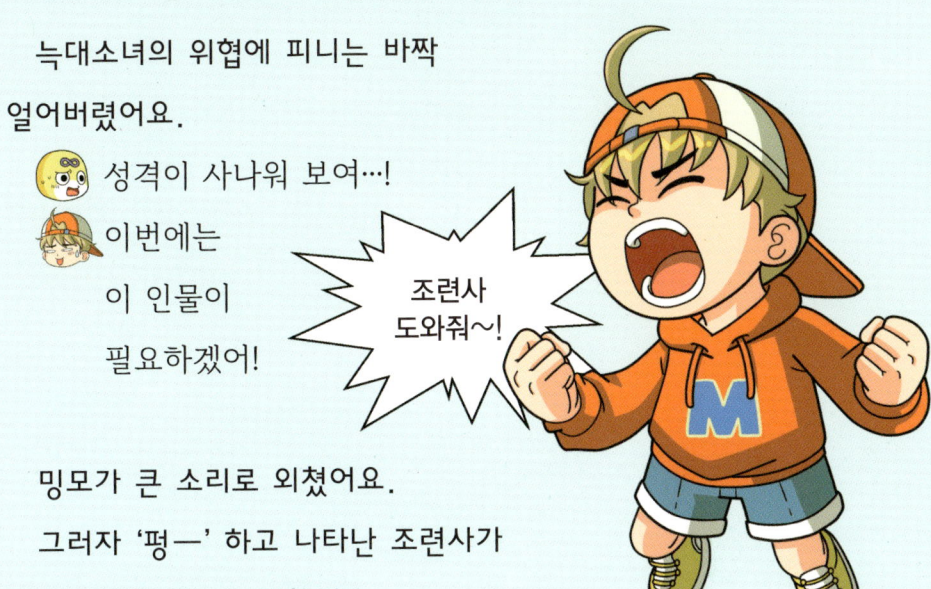

흥, 감히 날 길들이겠다고? 어디 해 보시지!

늑대소녀는 날카로운 발톱을 세우며 조련사를 위협했습니다.

그러나 조련사는 예상했다는 듯 오히려 차분하게 늑대소녀를 달랬어요.

워~ 워~. 화내지 말고 내 눈을 보겠니?

난 너를 공격하려는 게 아니라 도와주려는 거야.

흥, 그런 허튼소리에 넘어갈 줄 알고? 지금까지 나에게 친절하게 다가온 사람은 모두 꿍꿍이가 있었어.

늑대소녀는 콧방귀를 뀌었죠.

난 너를 속이려는 게 아니야. 너를 이용하려고 접근하는 것도 아니야. 그러니 조금만 긴장을 풀고 내 말을 들어줘. 난 그저 너와 가까워지고 싶을 뿐이야. 너에게선 깊은 외로움이 느껴지거든. 네가 조금만 마음을 열고 내 진심을 받아 준다면, 우린 친구가 될 수 있어.

조련사의 부드러운 눈빛과 말투에 늑대소녀는 조금씩 분노가 가라앉기 시작했어요.

뭐, 뭐지? 왠지 마음이 편안해지는 게… 이런 느낌은 처음이야. 난 싸우고 싶지 않아….

조련사가 조심스럽게 손을 건네자 늑대소녀는 한동안 가만히 지켜보았어요. 조련사는 재촉하지 않고 인자한 미소를 지으며 늑대소녀의 반응을 기다렸어요.

서로 따뜻한 눈빛을 나누고나자 늑대소녀도 발톱을 감추고 손을 내밀었습니다.

어때? 이젠 믿을 수 있겠지?

응, 당신에게선 진심이 느껴져.

조련사의 손을 잡으며 마음이 통하는 걸 느낀 늑대소녀는 기분이 좋아진 듯 꼬리까지 흔들며 사라졌습니다.

정말 신기하다. 싸우지도 않고 상대를 제압하다니….

상대를 이해하는 조련사의 진심어린 마음이 늑대소녀를 감동시킨 거야. 자, 이제 끝이 보이는걸?

그러고 보니 계단이 끝나가고 눈앞에 공중 섬이 보이기 시작했어요. 하지만 아직 끝난 게 아니었죠.

🙂 매번 마지막 방해꾼이 가장 무시무시하던데….

피니의 말이 끝나자마자 갑자기 하늘이 어두워지더니 사방에 음산한 기운이 몰려들기 시작했어요.

푸드득— 푸드득—

박쥐 몇 마리가 보이자 피니가 하늘을 올려다보았어요.

 박쥐?

수많은 박쥐떼가 순식간에 이곳으로 모여들었습니다. 그 사이로 붉은 눈빛을 빛내며 등장한 인물은 바로 드라큘라였어요.

미션 6 밍모의 직업 소환 III

❶ 바리스타

어떤 일을 하나요?

바리스타는 원두에 대한 지식을 바탕으로 좋은 원두를 선택하고 커피 기계를 활용하여 고객이 원하는 커피를 만들어 서비스하는 일을 담당합니다.

어울리는 직업

슈가크래프터 설탕으로 각종 디저트와 생활 소품을 만들어요.

푸드스타일리스트 새로운 요리를 개발하고 예쁘게 구성해요.

소믈리에 와인 전문가로 와인을 관리하고 추천해요.

직업 성격 유형 — 예술형(A)

다양한 자원을 이용하여 새로운 것을 창작하는 활동을 하고 싶어하는 유형

- 상상력
- 창의력
- 개방적
- 독창적
- 뚜렷한 개성
- 감수성 많음
- 미적 감각
- 손재능

나에게 맞는 직업일까?

✓ 나와 가까운 항목을 체크해 보아요.

- ☐ 창의적으로 무언가를 만드는 것을 좋아해요.
- ☐ 단체 활동보다 개인 활동을 더 좋아해요.
- ☐ *오감을 통해 사물이나 현상을 깊이 관찰해요.
- ☐ 새로운 아이디어를 생각하는 게 좋아요.
- ☐ 맛집이나 예쁜 카페에 가는 걸 좋아해요.
- ☐ 꾸미거나 정리하는 것을 좋아해요.

4개 이상이면 **예술형 직업**과 가까워져요.

*오감 : 시각, 청각, 후각, 미각, 촉각의 다섯 가지 감각.

❷ 동물조련사

어떤 일을 하나요?

동물조련사는 동물에 대한 지식을 바탕으로 동물원의 동물을 사육하고 관리하거나, 인명 구조 및 맹인 안내 등 특수한 목적을 위해 동물을 훈련합니다.

어울리는 직업

반려동물훈련상담사 반려동물의 문제 행동을 교육해요.

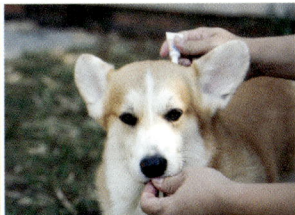

동물보호보안관 동물 학대를 예방하고 동물을 보호해요.

아쿠아리스트 수족관 내에서 동물을 기르고 관리해요.

직업 성격 유형 사회형(S)

지적, 논리적이고 호기심이 많고 독립적인 유형

- 지도력
- 행동력
- 인내력
- 사교적
- 높은 공감력
- 협조적
- 안전 의식
- 헌신적

나에게 맞는 직업일까?

☑ 나와 가까운 항목을 체크해 보아요.

- ☐ 동물을 사랑하고 생명을 존중해요.
- ☐ 곤충이나 동물 기르는 것을 좋아해요.
- ☐ 유기된 동물을 보면 도움을 주고 싶어요.
- ☐ 자연 관찰 도감(식물, 동물)책을 좋아해요.
- ☐ 관심 있는 분야가 생기면 집중해서 공부해요.
- ☐ 내가 싫어하고 좋아하는 것을 잘 알아요.

4개 이상이면 **사회형 직업**과 가까워져요.

미션 6 망모의 직업 소환 III

③ 여행기획자

어떤 일을 하나요?

여행 기획자는 관광에 대한 지식을 바탕으로 국내여행이나 해외여행 상품을 개발하고, 운영하는 일을 담당합니다.

어울리는 직업

관광가이드 관광객들에게 여행지의 역사와 문화를 설명해요.

여행크리에이터 여행을 다니며 스스로 촬영하고 영상을 만들어요.

사진작가 사진을 촬영해서 작품을 만들어요.

직업 성격 유형 — 예술형(A)

다양한 자원을 이용하여 새로운 것을 창작하는 활동을 하고 싶어하는 유형

- 상상력
- 자유분방
- 개방적
- 독창적
- 뚜렷한 개성
- 감수성 많음
- 미적 감각
- 손재능

나에게 맞는 직업일까?

나와 가까운 항목을 체크해 보아요.

- ☐ 외국어 배우는 것을 좋아해요.
- ☐ 늘 긍정적으로 생각해요.
- ☐ 다양한 문화권 사람들과 친해지고 싶어요.
- ☐ 자신이 상상한 것을 말로 잘 표현해요.
- ☐ 꼼꼼하게 일정을 계획하는 걸 좋아해요.
- ☐ 지루하고 따분한 걸 싫어해요.

4개 이상이면 **예술형 직업**과 가까워져요.

❹ 골형 구기 종목 운동선수

어떤 일을 하나요?

축구, 농구, 핸드볼, 하키와 같이 골을 넣어 점수를 얻는 운동이에요. 운동 경기 특징에 따라 사용하는 공의 종류가 달라요.

어울리는 직업

농구선수 손으로 농구공을 상대팀 바스켓에 던져 넣어요.

핸드볼선수 드리블 또는 패스로 골대에 손으로 공을 던져 넣어요.

하키선수 막대기(스틱)로 퍽(하키 볼)을 골대에 넣어요.

직업 성격 유형 — 현실형(R)

구체적이고 체계적이며 몸으로 부딪혀 문제를 해결하는 유형

- 성실함
- 체력
- 질서정연
- 원칙주의
- 성취감
- 끈기
- 손재능
- 신중함

나에게 맞는 직업일까?

✅ 나와 가까운 항목을 체크해 보아요.

☐ 몸놀림이나 손놀림이 빠른 편이에요.
☐ 반에서 규칙을 잘 지키는 편이에요.
☐ 축구, 달리기 등 운동을 잘해요.
☐ 무언가를 할 때 행동이 먼저 나서는 편이에요.
☐ 활동적인 바깥 놀이를 좋아해요.
☐ 팀으로 목표 달성하는 것을 좋아해요.

4개 이상이면 **현실형 직업**과 가까워져요.

직업 소환 미션 성공!

1판 1쇄 발행 | 2024년 12월 13일
1판 1쇄 발행 | 2024년 12월 24일
글 유경원
그림 최진규
발행인 심정섭
편집인 안예남
편집 팀장 최영미
편집 담당 이은정, 이선민
제작 담당 정수호
홍보마케팅 담당 김지선
출판마케팅 담당 홍성현, 김호현
디자인 이명헌
인쇄처 에스엠그린
발행처 서울문화사
등록일 1988년 2월 16일
등록번호 제2-484
전화 02-799-9147(편집) 02-791-0708(판매)
주소 140-737 서울특별시 용산구 새창로 221-19
ISBN 979-11-6923-495-5, 979-11-6923-923-3(세트)

INFINITE STAIRS ⓒ Neptune
ⓒ SANDBOX ⓒ밍모 ⓒSANDBOX NETWORK.

전 독자 특별선물 게임 스킨 사용 방법

❶ 스킨 쿠폰 등록 방법

1 타이틀 화면에서 선물상자 버튼을 누르세요.

2 코믹북 이벤트 버튼을 선택하세요.

3 연필 버튼을 눌러 번호(띠지 뒷면)를 입력하고, 쿠폰 확인 버튼을 누르면, 밍모 스킨을 받을 수 있어요.

❷ 스킨 사용 방법

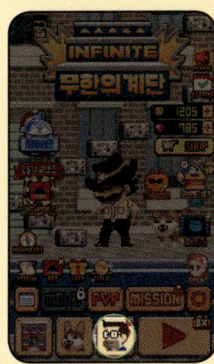

1 타이틀 화면에서 캐릭터 버튼을 누르세요.

2 캐릭터 선택창에서 캐릭터 컬렉션 버튼을 누르세요.

3 밍모 캐릭터를 선택하세요.

4 미래소년 밍모 스킨을 선택하세요.

*스킨 쿠폰은 아이폰의 경우, 애플 자체의 정책으로 인해 사용이 불가한 점 양해 부탁드립니다.

*반드시 무한의 계단 앱을 업데이트 한 후, 스킨을 등록하세요.

ⓒ밍모 ⓒSANDBOX NETWORK.

웃소와 함께 재미있고 쉽게 키우는 문해력 학습 비법 3+1

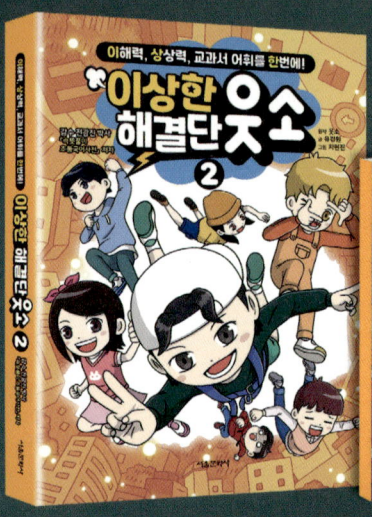

이해력, 상상력, 교과서 어휘를 한번에!
이상한 해결단 웃소 2

원작 웃소 | 글 유경원 | 그림 차현진
감수 전광진 박사
『속뜻풀이 초등국어사전』 저자
값 16,800원

❶ 교과 어휘의 의미, 쓰임을 파악하며 이해력 향상!

❷ 재미있는 만화 스토리로 국어적으로 상상력 폭발!

❸ 교과서 한자어 속뜻풀이 학습으로 어휘력 폭발!

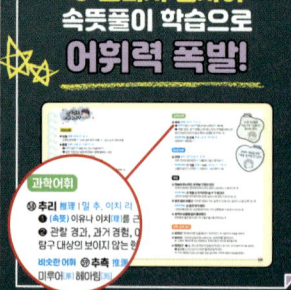

+ 시대별 역사문화 탐방 활동지로 사고력 쑥쑥!

이상한 해결단 웃소 2권 지금 확인하세요!